Das Leben der Krawatten

von
Monika Helfer
und
Michael Köhlmeier

MONIKA HELFER
MICHAEL KÖHLMEIER

DAS
LEBEN
DER
KRAWATTEN

KRAWATTEN AUS DER SAMMLUNG GERALD MATT

Brandstätter

Inhalt

1

Die Geschichte von Hank Hammer

Am 12. Mai 1932 veröffentlichte die New Yorker Lokalzeitung *Staten Island Advance* einen Artikel, der bereits am nächsten Tag in der *Herald Tribune*, eine Woche später in der *Cleveland Penny Press*, im *Chicago Examiner* und im *Boston American* wörtlich und in voller Länge abgedruckt wurde. Der Verfasser war Samuel Irving Newhouse, der Eigentümer und Herausgeber jener Zeitung. Das war ungewöhnlich. Zwei Jahre zuvor war es das letzte und bis dahin einzige Mal geschehen, nämlich als Calvin Coolidge von Herbert Hoover als Präsident der Vereinigten Staaten von Amerika abgelöst worden war und gewisse Kreise befürchteten, nun werde der Staat eine massive Schuldenpolitik betreiben und die Steuern erhöhen. S. I. Newhouse sah nach eigenen Angaben das „Phänomen Zeitung"– er besaß ein gutes Dutzend – ausschließlich unter einem Aspekt, nämlich um damit Geld zu verdienen. Was in seinen Zeitungen stand, interessierte ihn wenig, solange die Auflagen stimmten. Das brachte ihm den Ruf ein, ein toleranter und liberaler Mann zu sein. Nur wenn ihn etwas über alle Maßen empörte oder wenn er in irgendeiner Sache eine Meinung vertrat, die krass von der Linie des Blattes abwich, setzte er sich an die Schreibmaschine. Mit seinem wirklichen Namen allerdings unterschieb er nicht, er dachte sich sprechende Pseudonyme aus. Den Artikel über Herbert Hoover hatte er mit Franklin Geldzahler unterzeichnet; unter seinen zweiten Artikel setzte er den Namen „Hank Hammer". Die Überschrift lautete: *A strong plea for the death penalty* – „Ein kräftiges Plädoyer für die Todesstrafe". Darin forderte er, dass allein die Zugehörigkeit zu einer kriminellen Vereinigung mit dem elektrischen Stuhl bestraft werden solle, und zwar auch dann, wenn der Betreffende noch keine gesetzeswidrige Tat begangen habe.

S. I. Newhouse war in der Redaktion und unter seinen Freunden berüchtigt für seine – gelinge gesagt – merkwürdigen Vergleiche. In dem Artikel schrieb er:

„Es gibt Hemden, bei denen hat sich der Schneider gedacht, sie werden mit Krawatten getragen, und es gibt Hemden, die ohne Krawatten getragen werden. Allerdings macht sich der Schneider nicht die Mühe, einen entsprechenden Hinweis auf den Rücken des Hemdes zu sticken. Er vertraut darauf, dass der Käufer das selber weiß und erkennt. Ebenso geht die Natur vor. Sie erschafft manche Menschen als Verbrecher und vertraut darauf, dass die anderen sie als solche erkennen und sie ausmerzen. Sie tätowiert einem Al Capone nicht auf den Wanst: *Warning, I'm a bastard!* Und schreibt auch nicht auf den Rücken irgendeines kleinen Jimmy: Achtung, aus mir wird irgendwann ein Dreckschwein! Nein, diesen Job müssen wir schon selbst erledigen. Darum sage ich: Wer Mitglied in der *Cosa Nostra* oder in der *Murder, Inc.* ist, der gibt bekannt, dass er ein Dreckschwein ist oder früher oder später ein Dreckschwein sein wird. Also – weg mit ihm!"

Einen Monat später, am 14. Juni, wurde vor dem Polizei-Hauptquartier in Little Italy in einem abgestellten Packard die Leiche eines Mannes gefunden. Aus den Papieren, die er bei sich trug, ging hervor, dass er Hank Hammer hieß. Recherchen ergaben, dass er in Brooklyn gemeldet war und als Elektriker in der City Hall gearbeitet hatte. Bei der Obduktion fand man in seiner Luftröhre eine Krawatte, sie war ihm in den Hals gestopft worden. An ihr klebte ein Zettel, darauf stand: *I'm a bastard.*

Hiram „Hank" Hammer hatte mit der Sache nichts zu tun, absolut nichts. Sein Name war der „richtige" falsche – oder „falsche" richtige. Der Anschlag hatte Samuel Irving Newhouse gegolten.

Newhouse schickte einen Reporter mit einem Blumenstrauß zu der Witwe. Er solle sie behandeln wie die Gattin eines Helden. Die Beerdigungskosten übernehme der *Staten Island Advance.* Sie dürfe sich zudem ein Küchengerät aussuchen, Vorschlag: einen der neuen mannshohen Kühlschränke. Mrs. Hammer erzählte in dem Interview, wie sie und ihr Mann sich kennengelernt hatten.

„Mein erster Mann und ich, lange waren wir nicht zusammen. Lassen Sie mich nachrechnen – sechs Jahre. Im Guten und im Schlechten. Ich hatte bereits drei Kinder und dachte mir, ich finde keinen mehr, nachdem er mich verlassen hatte. Mein Sohn, der Eliezer, damals war er fünf Jahre alt, der rannte irgendwann seinem Ball hinterher, über die Straße rannte er und wäre beinahe von einem Auto überrollt worden. Der Fahrer konnte zum Glück noch bremsen. Er brachte mir das Kind ins Haus. Er stellte sich mir vor:

,Ich heiße Hiram Hammer, aber alle sagen Hank zu mir, jedenfalls alle meine Freunde.'

,Das klingt sehr gut', sagte ich.

,Wollen Sie die Bremsspur sehen?', fragte er.

Hank blieb bis zum Abend, wir tranken Limonade, er wollte keinen Alkohol. Er hat nie Alkohol getrunken. Er beugte sich zu meinen Zwillingsmädchen und machte eine Grimasse. Da weinten sie, obwohl er es gut gemeint hatte. Er war ein Guter. Ein Jahr später wurde er mein zweiter Mann und ein guter Vater für meine Kinder.

Jetzt, da er tot ist, weiß ich nicht, ob ich noch einen dritten finden will.“

Das Interview und ein Bild des Ehepaars Rosie und Hiram Hammer wurden auf der Titelseite der Sonntagsausgabe von Staten Island Advance abgedruckt.

Bei der Beerdigung trug Eliezer Hammer, der Stiefsohn von Hank Hammer, 14 Jahre alt, die gleiche Krawatte wie die, mit der sein Stiefvater ermordet worden war. Mit Tusche hatte er quer darübergeschrieben: *I'm a bastard too.*

Bei der Konferenz von Teheran vom 28. November bis zum 1. Dezember 1943 trafen sich zum ersten Mal Josef Stalin, der US-Präsident Franklin D. Roosevelt und Winston Churchill. Im Unterschied zu Stalin und Churchill, die zum Fototermin in Uniform erschienen, trug Roosevelt einen dunkelblauen Anzug und eine Krawatte – die von manchen Journalisten dem Anlass entsprechend als zu fröhlich kritisiert wurde, so von Amy Campbell vom britischen *Evening Standard*: „A gallows rope would be better."

Marta Becket betreibt in Death Valley Junction ein kleines Opernhaus, 15 Menschen passen in den Raum, 20 Einwohner zählt die Siedlung in der Mojave-Wüste an der Kreuzung der California State Route 190 und der California State Route 127 nahe des Death-Valley-Nationalparks. Mrs. Becket war als Kind von einer Gruppe junger Shoshonen gerettet worden, als sie ein Rudel ausgehungerter Koyoten umzingelte. Die Buben erschossen ein halbes Dutzend der Tiere mit ihren Pfeilen. Als Dank ließ Marta Becket später diese Krawatte sticken. Pfeil, Bogen und Zielscheibe sollten an ihre Rettung erinnern. Die Krawatte verkauft sie neben anderen Accessoires im Foyer ihrer Oper. Den Erlös verteilt sie unter den Shoshonenkindern.

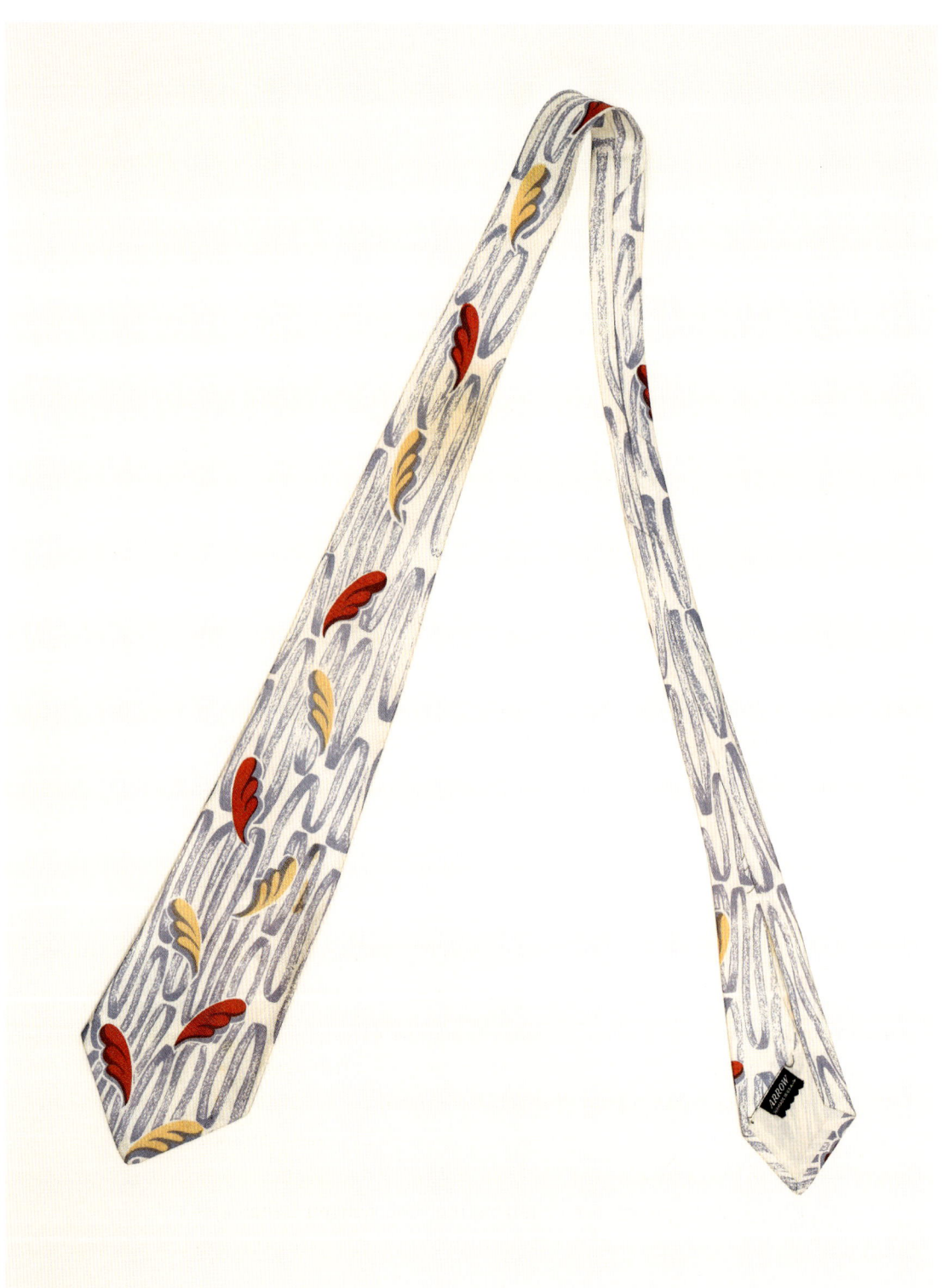

2

Der Mann mit der Narbe

Ich schleppte die Tasche zum Busbahnhof, ließ mich auf die Bank fallen und atmete aus. Ein Mann setzte sich neben mich, Hut tief in die Stirn gezogen, ein großer, steifer Hut. Er sah aus wie Udo Lindenberg. Ein bisschen Wildwest-Eleganz. Eine Jacke trug er, dunkelblau, die äußeren Brusttaschen geschlitzt mit gestickten Dreiecken an den Enden, golden. Cowboystiefel, zweifarbig, Schlangenleder. Und eine Krawatte – die würde ich, wenn sie mir gehörte, in einem Bilderrahmen an die Wand hängen und behaupten, Andy Warhol habe dieses Objekt gestaltet. Wer sollte mir das Gegenteil beweisen? Ich würde Warhols Signatur fälschen. Das konnte ich schon in der Schule gut, Schriften fälschen, nie ist mir jemand draufgekommen, jede Entschuldigung habe ich gefälscht, mein Vater sagte, unterschreib du, ich bin zu faul. Gilt es bereits als Fälschung, also als kriminell, wenn man in der eigenen Wohnung an die eigene Wand ein Bild hängt und darunter mit der eigenen Hand und dem eigenen Bleistift einen fremden Namen setzt?

„Pardon", sagte der Mann, „stört es Sie, wenn ich Sie anspreche?"

„Bitte", antwortete ich, „dann wird uns die kleine Reise kurzweiliger."

Er stützte sich auf einen Stock, die Stufen in den Bus machten ihm Mühe. Der Stock hatte einen Knauf aus Silber, der stellte einen Adlerkopf dar.

„Wie Sie sehen", sagte der Mann, „bin ich ein Krüppel."

„Man ist doch kein Krüppel", sagte ich und zog meine Stiefel aus, „nur weil man einen Stock benützt, da wäre die Welt ja voller Krüppel."

„Ist sie doch auch", sagte er. „Sie sehen meiner ehemaligen Lebensgefährtin ähnlich", sprach er weiter, „dieselbe Lebhaftigkeit! Gut, dass die Reise so kurz ist, sonst bestünde Gefahr, dass ich mich in Sie verliebe."

„Ehemalige?", fragte ich.

Darauf ging er nicht ein. Seine Stimme sei sein Beruf, er sei Synchronsprecher.

„Synchronsprecher!", rief ich aus. „Und welchem Schauspieler haben Sie Ihre Stimme gegeben?"

„Sylvester Stallone. Aber wenn ich ehrlich bin … die Wahrheit ist ein bisschen kleiner. Es gibt eine Stelle, da schreit Rambo auf. Und da war der eigentliche Synchronsprecher nicht im Studio, Thomas Danneberg musste an diesem Nachmittag zur Zahnreinigung. Und ich war zufällig da. Da habe eben ich geschrien … Ein Schrei ist ein Schrei … Mein gegenwärtiges Problem lautet allerdings anders: Ich vergesse viel. Mehr als den Schrei hätte ich mir nicht gemerkt. Ich wurde am Odeonsplatz in München von einem Raser überfahren, ein Jahr lag ich im Koma. Gleich werden Sie mich nach meinem Nahtoderlebnis fragen. Ja, so ähnlich, wie alle sagen: ein Tunnel, eine Schneise im Eis, dann Licht. Als ich wieder unter den Lebenden war, torkelte ich und dachte, man wird denken, ich sei betrunken. Was ich zugegeben nicht selten bin."

Der Mann zog den Hut und zeigte mir seine Narbe. Ich stellte mir vor, wie die Ärzte erst in seinen Kopf geschnitten und dann wieder zugenäht hatten.

„Ja, meine Lebensgefährtin. Sie hatte Zwillinge, zwei Mädchen, eines war das Aschenputtel, das andere die Diva, jeder Pickel ein Weltuntergang. Ihre Mutter hatte eine tolle Figur. Love is blind. Darf ich weitererzählen?"

„Bitte!"

„Ich war ein lediges Kind, kam in ein Heim, meine Mutter heiratete einen guten Mann, der mich adoptierte und der beste Vater war. What you deserve is what you get. Ich kannte wichtige Menschen, weil mein Stiefvater wichtige Menschen kannte. Zum Beispiel Salvador Dalí. Den kannte er."

„So, wie Sie Silvester Stallone kennen?"

„Mein Stiefvater hat ihm deutsche Witze auf Französisch erzählt, über die sonst keiner gelacht hat, Dalí aber hat gelacht und gesagt, das sei ähnlich, wie wenn er spanische Witze auf Französisch erzähle, da lache auch kein Franzose, die Deutschen aber lachen. Die Welt sei eben komisch. Einmal haben wir Dalí in Katalonien, in Portlligat, besucht. Dort hatte er sein aus ehemaligen Fischerhütten labyrinthartig zusammengefügtes Haus.

Das habe ich mir gemerkt, sonst vergesse ich alles, so etwas merke ich mir, ich vergesse meine Schuhgröße, aber so etwas merke ich mir. Damals wohnte er noch nicht im nahegelegenen Schloss von Púbol, das er für seine Muse und Frau Gala erworben hatte. Im Schloss waren wir nicht, sondern nur im Haus. Was ich für ein nobler kleiner Herr sei, sagte er zu mir. Ich war zehn. Man hatte mich extra für den Besuch fein in Schale geschmissen. Anzug und Krawatte. Eine glatte graue Krawatte, dazu ein schwarzes Hemd und grau-schwarze zweifarbige Schuhe und graue Handschuhe. Wie einer von der Mafia. Ein Mafiakiller. Das gefiel dem Dalí. Er selber trug ein Unterhemd und eine weite Hose mit einem Strick anstatt einem Gürtel, und er war barfuß, ein kleiner Mann, und völlig verdreckt, mit Farbe, meine ich, sogar das Gesicht und der Schädel. Ich kann mir nicht vorstellen, dass der je seine Fingernägel saubergekriegt hat. Er hat mich gefragt, ob ich ihm erlaube, meine Krawatte zu bemalen. Ich musste sie gar nicht abnehmen. Er setzte sich vor mich hin wie vor eine Staffelei. Gemalt hat er aber nicht, gezeichnet hat er. Somit besitze ich einen echten Dalí. Ich habe ihn allerdings nie um den Hals getragen. Das geht ja nicht. Wenn da einer hinter den Bildern von Dalí her ist, solche gibt es ja, die schneiden dir den Hals ab. Das brauche ich nicht."

Ich sagte: „Darf ich raten?"

„Was wollen Sie raten?"

„Was Sie mit der Dalíkrawatte gemacht haben."

„Ich habe sie in einen Rahmen gegeben und an die Wand gehängt. Niemand glaubt mir, dass die Bemalung von Dalí stammt. Alle meinen, ich selber hätte sie bemalt, als Kind. Das ist mir recht. Ich liebe die Musik, singe aber nicht. Ich vergesse so viel. Habe ich Ihnen schon erzählt, dass ich Zwillinge aufgezogen habe, zwei Mädchen, das eine ein Aschenputtel? Sie hat einen Koch geheiratet. Das andere Mädchen, die Diva, wollte Model werden. Ich weiß nicht, was mit ihr ist. Wir treffen uns nicht mehr. Seit zehn Jahren habe ich keinen Kontakt mehr mit der gut gebauten Frau, die Ihnen so ähnlich sieht. Habe ich das alles schon gesagt? Ich sammle Krawatten, seit Dalí sammle ich Krawatten. Ich habe ja gesehen, wie Sie meine Krawatte angeschaut haben. Die gefällt Ihnen, hab ich recht? Es ist kein Dalí, aber. Aber. Ich sage: aber. Das kann viel heißen. Ich sage Ihnen aber nicht, was es heißt. Ein Spatz in der Hand ist besser als eine Taube auf dem Dach. Und Sie? Sie sind die Taube, und auf dem Dach ganz dicht bei Ihnen sitzt Ihr Liebhaber. Hab ich recht?"

„Ich schreibe, was ich sehe und höre", sagte ich. „Auf Fotos sehe ich nur die Menschen. Ja, die Natur liebe ich auch. Ich rieche die modrige Erde und liebe den Stamm der Buche."

Der Bus hielt. Zwei Polizisten kontrollierten die Ausweise. Ein kleines türkisches Mädchen spielte mit einem Tablet und lärmte dabei, ihre Brüder ohrfeigten einander, einer den anderen, einer den anderen, in einem Rhythmus. Tumult, wo man hinsah, das Leben eben.

3

Die Geschichte von Joseph Weiss, alias Joe White

Während des Zweiten Weltkriegs wurde in einigen Städten an der Ostküste der USA eine Befragung unter Immigranten durchgeführt, vor allem unter Menschen, die aus Deutschland und den von den Nazis besetzten Gebieten gekommen waren, zum Beispiel aus jenen Teilen Polens, die als Generalgouvernement bezeichnet wurden und dem Reichsminister Hans Frank unterstellt waren. Eine der Fragen lautete: „Haben Sie Heimweh?" Man würde meinen, es gab nichts, wonach sich diese Menschen noch sehnen konnten, was sie vermissen konnten, was ihnen an dem Land und den Leuten dort drüben lieb sein konnte. Interessant ist, dass jedoch gerade sie unter Heimweh litten, nämlich stärker als jene Einwanderer, die von den Nazis wenig oder gar nichts befürchten mussten und aus anderen Gründen ihre Heimat verlassen hatten – also jene, die unter ihrer Heimat nicht gelitten hatten, die schöne Erinnerungen hatten, vielleicht sogar nur schöne Erinnerungen.

Heimweh ist ein Gefühl, das keine Sprache findet. Die Worte des Heimwehs sind die schlaflosen Nächte, die Seufzer am helllichten Tag mitten in einer bequemen Unterhaltung oder im Kino während eines heiteren Films. Wer an Heimweg leidet, leidet meistens auch an Einsamkeit. Er kann sich nicht ausdrücken. Er fühlt sich, als wäre er der letzte Mensch auf der Welt, der seine Sprache spricht. Er möchte, dass sein Schmerz bemerkt wird, aber er kann sich nicht bemerkbar machen. Er will in die Welt hinausrufen: Seht mich, ich liebe! Aber er verwischt die

Tränen und verhustet die Seufzer. Warum? Weil er seine Liebe nicht begründen kann. Weil niemand seine Liebe verstehen würde. Was, würde man ihm entgegnen, die dort drüben, die liebst du? Die dir deine Liebsten genommen haben, ausgerechnet die liebst du? Das Land, in dem du dich nicht frei bewegen durftest, das liebst du? Ja, müsste er antworten, ich liebe. Aber – wer die Niedertracht liebt, ist der nicht selbst niederträchtig? Was tun? Schweigen.

Joseph Weiss emigrierte bereits im Frühjahr 1933 in die USA. Er gehörte zur Familie Weiss, die in Coburg in der Spitalgasse ein Schuhgeschäft betrieb, das erste der Stadt, das sich von den besten Schuhmachern des Landes beliefern ließ. Am 1. April 1933 wurde das Geschäft zerstört, die Tür mit Brettern zugenagelt, darauf wurde mit Kreide geschrieben: „Wer bei Juden kauft, ist selbst ein Schwein." Joseph Weiss war damals im Anfang seiner Zwanziger, er hatte Chemie studieren wollen, es war aber zu befürchten, dass er an keiner Universität in Deutschland zugelassen würde. Im Unterschied zu seinen Brüdern und Schwestern sowie seinen Cousins, die alle in der Schuhbranche arbeiteten, gut verdienten und auf Expansion hofften, machte er sich keine Illusionen, was das Leben der Juden in Hitlers Drittem Reich betraf. Er riet davon ab, das Geschäft wieder aufzubauen, er riet zur Flucht. Er lieh sich Geld von der Familie und fuhr mit dem Dampfer nach New York. Und zog weiter nach Chicago. Dort gab es eine starke deutsche Community. Die meisten waren schon vor langer Zeit ausgewandert, sie waren nicht vor den Nazis geflohen, viele unter ihnen waren sogar begeisterte Anhänger der nationalsozialistischen Ideologie. Ein jüdischer Flüchtling wäre nicht freundlich aufgenommen worden. Also gab sich Josef Weiss als Geschäftsmann aus, der sich für Politik nicht interessierte.

Manchmal steht der Zufall an einer Kreuzung, und er schubst den Wanderer auf einen Weg, den er niemals hatte gehen wollen. Eines Abends saß Josef Weiss – der sich inzwischen Joe White nannte – in einer Bar am Lincoln Square in Little Germany, da sprach ihn ein Mann an. Joe – Joseph – war vorsichtig, Freunde hatten ihm geraten, jedem gegenüber misstrauisch zu sein. Wenn er den Eindruck habe, jemand wolle ihn aushorchen, solle er auf gar keinen Fall die Wahrheit sagen. Irgendwann während des Gesprächs fragte der Fremde, in welcher Branche Joe tätig sei. Tatsächlich hatte Joseph bei einem Schuhmacher Arbeit gefunden, auch ihn hatte er belogen, hatte so getan, als wüsste er über Schuhe nicht Bescheid, war von dem guten Mann für einen Probemonat genommen worden und hatte, weil er sich so geschickt anstellte, schließlich einen Vertrag bekommen. Er war gewohnt zu lügen und antwortete dem Mann in der Bar spontan: „Krawatten."

Dieser Mann war kein Böser, kein Spitzel der amerikanischen Nazis, kein Agent der Einwohnerbehörde. Er war – Zufall! – ein Schneider, ein besonderer Schneider, nämlich einer, der sich auf die Herstellung von Krawatten spezialisiert hatte. Sein Name war Michael Fromm. Wie auch immer – die beiden freundeten sich an, Joe kündigte seinen Vertrag bei dem Schuhmacher und stieg als Partner ins Krawattengeschäft ein. – Und er hatte eine Idee!

Er hatte Heimweh und eine Idee.

Wie bringt man die Sprachlosigkeit zum Sprechen? Durch ein Bild. Die Firma *Fromm & White* stellte ein halbes Dutzend Stickerinnen ein, die bestickten je nach Wunsch die Krawatten der Kunden – alles Immigranten – mit den Wahrzeichen ihrer Heimatstadt. Da waren der Hamburger Michel darunter, das Wiener Riesenrad, der Kölner Dom, der Löwe an der Einfahrt zum Hafen von Lindau, die Silhouetten von Dresden oder Salzburg, die Prager Burg und die Große Synagoge von Vilnius. Den Prototyp bestickte sich Joseph Weiss, alias Joe White, selbst: die Veste Coburg. Er war kein geschickter Zeichner und auch kein geschickter Sticker, aber die Kunden verstanden, was er meinte. Sie meinten das Gleiche. Manche ließen private Motive sticken, eine Widmung an einen Freund, Kinder bei ihren Wintervergnügungen, das geliebte Kinderfahrrad, ein Porträt des geliebten verstorbenen Rauhaardackels. *Fromm & White* machte gute Geschäfte. Den Männern, die nicht so gut weinen konnten wie ihre Frauen und auch nicht so ergiebig seufzen wie diese, war eine Möglichkeit gegeben, ihr Heimweh, das ihnen die Kehle zugeschnürte, kundzutun: Sie banden sich von nun an ein Stück der Heimat um ihren Hals.

Katelyn White, geborene Larson, Ehefrau von Joe White, über ihren Mann und seinen Freund und Kompagnon Michael Fromm:

„Gleich vorweg: Ich bin eine Frohnatur, wie mein Mann sagte, als er mich kennenlernte. Joe ist ein Deutscher. Ein Träumer. Die Deutschen sind alle Träumer. Außer der Hitler und seine Genossen, die waren keine. Ich war erst 18, als ich Joe kennenlernte. Er war um einiges älter, gerade das gefiel mir. Ich verdrehte vor ihm die Augen. Damit er mich nicht vergessen sollte. So machen es fast alle. Ein feiner Mann, dachte ich, zugegeben, ein wenig zu fein für mich. Ein Nachdenklicher eben. Einer, der hinter alles kommen möchte. Zum Glück haben sich Joe und Michael gefunden. Zwei Freunde, wie sie im Buch stehen. Sie werden keine zwei anderen finden. Joe machte das mit den Papieren, Finanzamt und so, Korrespondenz und so. Michael entwarf die Krawatten. Die Ideen aber hatte eigentlich immer mein Joe.

Manchmal fand ich Joe an seinem Schreibtisch, die Hände aufgestützt, die Stirn in Falten. ‚Geht das Geschäft nicht gut?‘, fragte ich.

Er winkte ab. ‚Alles bestens!‘, rief er in die Luft hinein. ‚Ich dachte gerade, ob Steine auch irgendwie leben. Man müsste mir das Gegenteil beweisen.‘

Solche Sachen sagte er. Da soll sich einer auskennen. Ein Deutscher eben. Ein Träumer.

Ich küsste ihn auf die Stirn, lief die Treppen hinunter in das Büro von Michael. Der stand am Fenster, und als er mich sah, sagte er: ‚Man müsste schwimmen gehen. Schau dir dieses Wetter an, siehst du, wie uns die Sonne winkt? Komm, komm, sagt sie.‘

Da dachte ich, Joe hat den guten Michael bereits angesteckt. Der ist nun auch ein Träumer, lieber Himmel!

‚Gehen wir doch einfach schwimmen‘, sagte ich.

Gleich schämte ich mich. Aber Michael lachte mich an und nahm meine Hand. Ich muss festhalten, ich liebe meinen Mann, ich wollte ihn, und ich will nicht so tun, als wäre ich frei für einen anderen. Das bin ich nicht. Und das war ich nicht. Nur schwimmen wollte ich, was macht das schon. Mir fiel ein, was ich noch gar nicht angemerkt habe: Michael sah sehr abenteuerlustig aus. Das gefiel mir. Das gefällt vielen. Da bin ich nicht die Einzige.

‚Ich habe keinen Badeanzug bei mir‘, sagte ich, und er meinte: ‚Ich weiß eine Stelle, wo du keinen brauchst.‘

Bitte, denken Sie nicht schlecht von mir. Ich wollte es nicht, und trotzdem habe ich mich in Michael verliebt. Wir schwammen nackt und schwammen weit hinaus, und ja, gleich an diesem Nachmittag – wir lagen auf den heißen Steinen, ich auf seinem Jackett, und er drehte sich zu mir, und ich drehte mich zu ihm. So war das. Ich bin sicher nicht die Einzige. Es geschah einfach. Wir fuhren wieder in die Firma zurück. Ich lief zu meinem Mann in sein Büro hinauf, und er saß immer noch vor seinen Papieren. Er zeichnete. Was eigentlich Michaels Teil gewesen wäre. Joe hatte die Ideen, Michael zeichnete, und Jo machte dann auch noch das Geschäftliche. Was er gezeichnet hatte, zeigte er mir, und ich lobte es. Obwohl es im Vergleich zu den Krawatten, die Michael zeichnete, unbeholfen war. Idee gut, Ausführung mangelhaft. Umgekehrt, sagte Joe immer, wäre verheerend. Er war nicht neidisch auf das Talent von Michael. *Fromm & White* war eine Einheit. Joe bemerkte keine Veränderung an mir.

Michael und ich – unsere Affäre dauerte sieben Jahre, dann wurde er krank und starb. Joe hat nie erfahren, dass ich ihn mit seinem Kompagnon und besten Freund betrogen habe. Hätte ich ihm gebeichtet, er wäre nur unglücklich geworden. Heimweh plus Liebeskummer, das wäre zu viel, denke ich. Ich werde bis zu meinem Tod bei meinem Mann bleiben. Michael vermissen wir beide."

4

Marlen Salomon (Name geändert), 42, Beamtin in einer Behörde in Bregenz, erzählt

„Der Großvater meiner Freundin Alba war gestorben. Sie wollte, dass ich sie zur Beerdigung begleite. Wir flogen durch Wolken und fuhren auf holprigen Straßen in ihr spanisches Heimatdorf. Sie hatte es eilig. So wie wir waren, verschwitzt durch die schwüle Reise, zog sie mich mit zur Totenwache. Ich hatte noch nie einen Toten gesehen. Der Mann war sehr alt gestorben, beinahe hundert. Er sah aus wie eine Puppe, gelblich kleine Hände, die einen Rosenkranz umklammerten, das Gesicht wie Elfenbein und tief im Schädel die Augen. Ich konnte es kaum ertragen, ihn anzusehen. Man hatte ihm seinen besten Anzug angezogen. Der war aber schon gute 30 Jahre alt. Mit 70, erzählte mir Alba, habe ihr Opa beschlossen, nicht mehr zu leben. Von da an sei er nur noch entweder im Bademantel oder in Shorts und T-Shirt herumgelaufen. Früher war er dick gewesen. Stattlich. Immer das Feinste am Leib. Seidenhemden. Unzählige Krawatten besaß er. Krawatten aus aller Welt. Zwei Dutzend Anzüge im Kasten. Kein einziger von der Stange, alle Sonderanfertigungen. Ebenfalls die Schuhe. Er habe zweifarbige Schuhe geliebt. Dann die Kehrtwendung. Weg vom Leben. Alle seine feinen Sachen habe er verschenkt oder weggeschmissen. Ein Vermögen! Gerade einmal fünf Unterhosen und fünf T-Shirts habe er behalten und zwei Trainingsanzüge, ausgebeult, verwaschen, fadenscheinig. Bald hatte er aufgehört zu essen, hatte sich nur noch von Bier ernährt, nicht viel, zwei Flaschen am Tag, mehr nicht, und ein bisschen Gemüse aus dem Garten. Nun lag er im Sarg. Der Anzug war ihm viel zu groß. Um seinen Körper herum lag der schlaffe, schwarze Stoff. Die Hosenröhren sahen aus, als wären sie auf Krückstöcke gelegt worden. Woher dieser Anzug sei, sagte Alba, das würde sie gern wissen. In den Gürtel musste ein neues Loch gebohrt werden, das war gute 20 Zentimeter vom letzten Loch entfernt. Das Hemd war ihm um den Kragen herum so weit, da hätten zwei seiner Hälse hineingepasst. Eine Krawatte habe man nicht auftreiben können, sagte Alba. Da war man allerdings erst am Morgen der Beerdigung draufgekommen. Es war zu spät, eine zu besorgen. Man hatte es nicht für möglich gehalten, dass dieser alte Krawattensammler auch nicht ein einziges Stück übrig gelassen hatte. Die Söhne besaßen jeder nur eine schwarze Krawatte, die konnten sie nicht hergeben, die mussten sie ja bei der Beerdigung tragen. Nur Schwarz ist würdig vor dem Tod. Einer fand in seinem Kasten ein Stück mit einem Pferdekopf darauf. Die könne man für den Opa nehmen, war man übereingekommen. Er habe Pferde geliebt, sei sogar selbst einmal auf einem gesessen, angeblich. Außerdem würden ja nur die engsten Angehörigen ihn so sehen. Im Tod ohne schwarze Krawatte. Die einzige Nichtangehörige, die ihn so sah, war ich. Doch ich konnte zu wenig Spanisch, um die Angelegenheit in der Nachbarschaft herumzuerzählen, und wenn ich es bei mir zu Hause herumerzählte, spielte das keine Rolle.

Am nächsten Tag trugen die alten Söhne des Toten den Sarg zum Friedhof, Männer aus der Nachbarschaft halfen ihnen dabei, die waren auch alt. Es war ein mühsamer Weg. Immer wieder mussten sie den Sarg von ihren Schultern nehmen und abstellen. Der Sarg war sicher schwerer als der Mann, der darin lag. Beim Absetzen kam es vor, dass eine Seite des Sarges nach unten kippte, während die andere noch von den Männern gehalten wurde, der Sarg kam fast aufrecht zu stehen. Ich dachte, jetzt sinkt der tote Mann mit der Pferdekrawatte um den Hals in seiner Schale in sich zusammen und verkeilt sich und kommt nicht mehr zu liegen. Die Sargträger hatten schon blaue Gesichter, der Schweiß rann ihnen unter den schwarzen Hüten über das Gesicht. Alba fragte eine Frau, die neben ihr ging, warum man ihn denn nicht mit dem Auto transportiert habe. José habe einen Kombi, da hätte der

Sarg leicht Platz gehabt, José habe sich doch angetragen. Die Frau sagte etwas, meine Freundin übersetzte es mir. Nicht das auch noch, habe sie gesagt.

Auf dem Friedhof war eine Mauer, davor stand ein Mann mit einem Pickel in beiden Händen, der schlug ein Rechteck in den Mörtel. Ich wunderte mich. Das ist eine Mauer mit vielen Schubladen, in denen werden die Särge verwahrt, sagte meine Freundin. Zwei Rechtecke schlug der Mann in die Mauer. Aus dem zweiten zog er einen Sarg, die Männer halfen ihm, er öffnete den Deckel mit einem Brecheisen, und ich sah eine Gestalt, die in ein Leintuch eingewickelt war. Die alte Tochter mit dem grauen Haarkranz weinte laut. Ihr Kopftuch war ihr vom Kopf gerutscht. Ich überlegte, ob ich es aufheben sollte, hatte aber Sorge, die Zeremonie zu stören. Das in dem Leintuch sei ihre Großmutter, bereits vor sieben Jahren gestorben, sagte Alba. Die Gestalt wurde mit Sorgfalt herausgehoben, dann wurde der Deckel vom Sarg des Großvaters geöffnet, und der Leichnam der Frau wurde auf den Leichnam des Mannes gelegt. Wie in einem Liebesakt, dachte ich. Ganz kurz konnte man die Krawatte mit dem Pferdekopf sehen, aber nur die, die nahe standen, konnten sie sehen. Ich fragte Alba, flüsternd, ob ihre Oma Pferde auch gern gehabt habe. Das wisse sie mit bestem Willen nicht, antwortete sie. Die Oma habe eher Ziegen gern gehabt. Sie hätte am liebsten mit einer Ziege zusammen in einem Raum gelebt. Sie erinnere sich, sagte sie, die Oma habe einmal gesagt, ihr wäre es egal, wenn sich ihr Mann über Nacht in eine Ziege verwandle, Ziegen lächeln immer, ihr Mann nie. In so einem Fall, dachte ich, wäre es doch besser, man würde die beiden nicht zusammen in einen Sarg legen.

Man wollte den Deckel schließen, was aber nicht gelang, weil der Sarg zu voll war. So wurde er, einen Spalt breit offen, in das Mauerwerk geschoben, und das wurde wieder zugemauert. Später sollte der Name des Ehepaars auf eine Tafel geschrieben werden.

Auf dem Flug nach Hause versuchte ich das Bild des alten Liebespaars aus meinem Kopf zu verdrängen, weil es mich ängstigte, aber es gelang mir nicht.

Wo ist das Geheimnis, fragte ich mich, und ich fragte mich weiter, gibt es überhaupt ein Geheimnis? Die Milch auf dem Herd lief über, und dieser Geruch, der mich seit meiner Kindheit verfolgte, übergelaufene Milch, belagerte mich."

Die Krawatte mit dem Pferdekopf stammt aus den USA. Sie wurde in den Fünfzigerjahren in der Manufaktur *Florida Creations* in Miami entworfen und in einer Auflage von 62 Stück hergestellt. Das Material ist Maulbeerseide. Jede ist handbemalt. Die einzelnen Stücke unterscheiden sich farblich. Die Krawatte kostete damals 30 Dollar.

Ein Exemplar aus dieser Kollektion soll Präsident Dwight D. Eisenhower persönlich in der Manufaktur erworben haben. Auf einem Foto aus dem Jahr 1955 ist er zu sehen, wie er gerade einen Golfball abschlägt, dabei springt ihm die Krawatte aus dem Jackett. Mit einer Lupe kann man den Pferdekopf erkennen.

D as Muster dieser Krawatte steckt voller Symbole. Die Kreise stehen für Räder, die roten Punkte für Blut, die geschwungenen weiß-roten Formen in der Senkrechten für Flammen. Das Stück wurde 1955 entworfen und in geringer Zahl hergestellt. Die Krawatte ist dem italienischen Autorennfahrer Alberto Ascari gewidmet, der einen Monat vor dem Großen Preis von Belgien bei einer Testfahrt in Monza tödlich verunglückte. Bei der Siegesfeier in Spa-Francorchamps trugen Juan Manuel Fangio und Stirling Moss diese Krawatte.

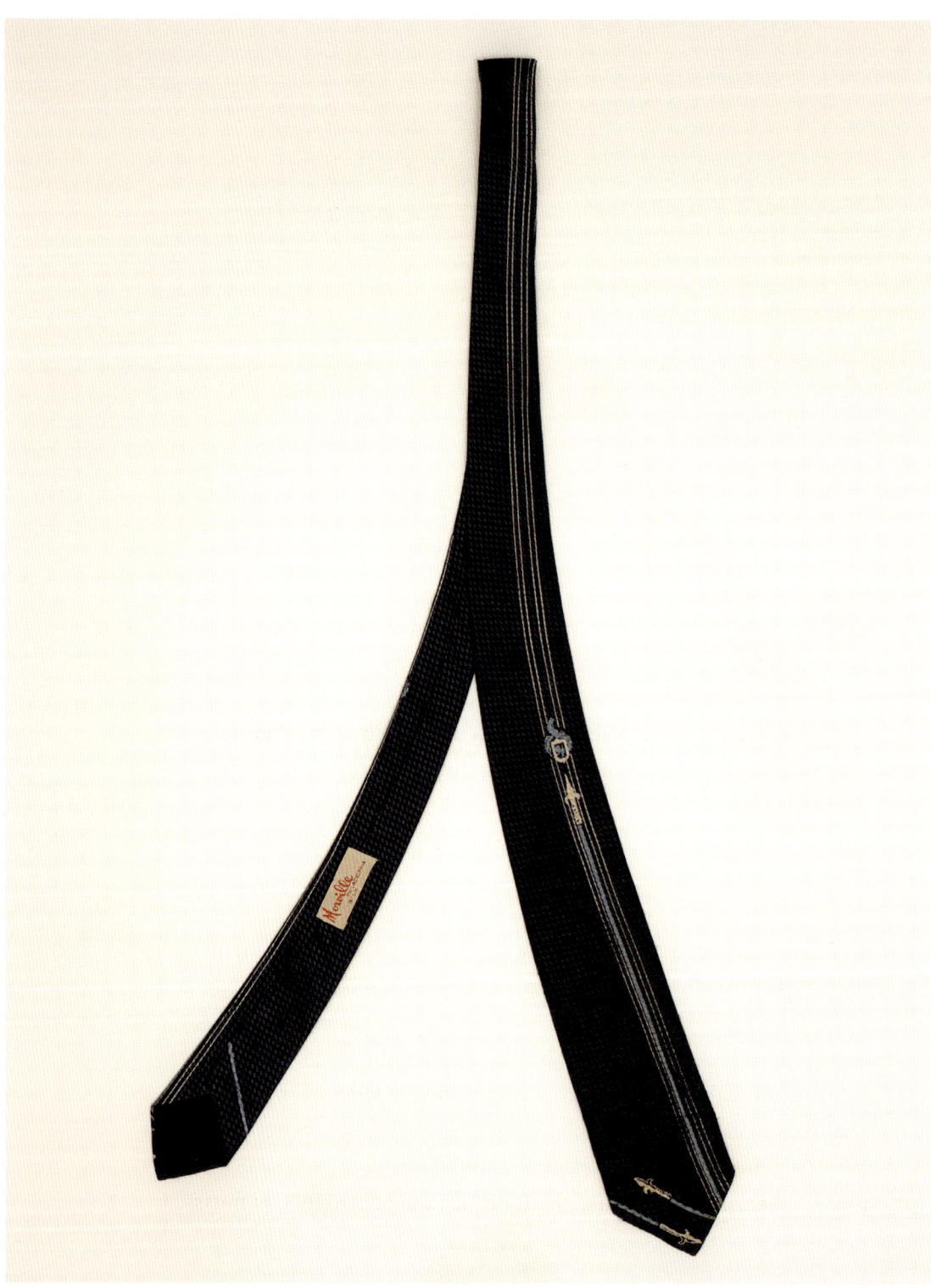

5

Susanne S. – Auf den Anrufbeantworter von Ursula M. gesprochen:

„Ich gebe es zu, wenn Sie mich so anschauen mit Ihren top geschminkten Augen, kann ich nicht anders, als Ihnen die Wahrheit zu sagen. Ich habe Ihren Blick nicht vergessen, mit dem Sie mich vernichten wollten. Ja, ich gebe es zu und sogar sehr, sehr gern: Ich habe mit Ihrem Mann gefickt, und damit ist noch lange nicht alles beschrieben, was wir miteinander gemacht haben. Ich sage das deshalb so krass, damit Sie schockiert sind. Solche wie Sie, das weiß jemand wie ich, wählen niemals diese ordinären Ausdrücke. Manchmal aber sind sie notwendig, und man muss sie verwenden, um zu zeigen, wie groß der Schmerz ist. Das wollten Sie doch fragen, als ich vor der Albertina auf einmal vor Ihnen und Ihrem Mann gestanden bin. Hast du mit ihm gefickt? Das wollen Sie fragen. Nein, Sie hätten gesagt: Haben Sie mit ihm gefickt? Sie haben nichts gesagt, nur geschaut. Das hat genügt. Schminken Sie sich selbst, oder lassen Sie sich schminken? Ich war furchtbar in Ihren Mann verliebt, schlaflose Nächte, das können Sie nicht wissen, und ich bin immer noch verliebt. Ich bin vernichtet, um genau zu sein. Sie haben ihn ja, und er wird nicht von Ihnen weggehen, weil Sie schön sind und das Geld haben. Schönheit ist teuer, und die kann ich mir nicht leisten. Ich bin mittelmäßig und habe im Monat maximal tausend Euro, 1223 Euro, um genau zu sein. Obwohl ich mir denke, wenn wir beide ungeschminkt nebeneinander stehen, dann bin ich die Schönere. Das muss ich Ihnen entgegenhalten. Ich habe Ihren Mann nicht vergewaltigt, auch nicht mit den Waffen der Frau. Das hätten Sie gern. Dann könnten Sie ihm leichter verzeihen. Er hat mich gewollt, weil ich jung bin und freizügig, er hat mich tief gewollt, und wenn es auch nur für drei Wochen war. Jeden Abend hat er mich gewollt. Und es hat keinen Abend gegeben, an dem wir es nur einmal gemacht haben. Es war schön mit ihm, es war so verdammt schön mit ihm! Ich hoffe sehr, dass er es mit Ihnen nie so fantasievoll getrieben hat. Hat er jedenfalls gesagt. Er hat gesagt, auch am Anfang hätten Sie und er es nicht so fantasievoll miteinander getrieben wie wir. Nicht einmal annähernd. Er ist so ein King! Jetzt wollen Sie Details wissen, habe ich recht? Sag ich aber nicht. Nicht einen Millimeter kriegen Sie meinen Mund auf. Mein Gott, was gäbe ich dafür, wenn er mich fragen würde, ob ich noch weitere drei Wochen anhängen will oder mehr. Die Füße hätte ich ihm geküsst. Ich meine im übertragenen Sinn. Ich küsse keine Füße, es sei denn, wenn ich ein Baby hätte, dem würde ich die nackten Füßchen küssen. Dieser Gedanke macht mich sehr sehnsüchtig, wissen Sie. Es geht mir nur um das Baby, das mir dann ganz allein gehört. Gleich heute kaufe ich winzige Schuhe, damit ich sie jetzt schon angreifen kann. Ich bin eine erwachsene Frau und weiß, was mir zustehen würde, wenn es Gerechtigkeit gäbe. Sie haben ihn wieder, und er wird bei Ihnen bleiben. Was ist das für ein Fehler! Himmel! Lassen Sie mich ausreden! Ich weiß genau, dass Sie zuhören. Sie sitzen auf Ihrem bequemen Sofa, und ich rede, und Sie hören zu, und hinterher löschen Sie den Anrufbeantworter. Und ich bin nicht mehr da. Da darf ich auch laut werden. Sie sind zu vornehm, um zu stören. Sie lassen mich einfach reden! Nehmen Sie ab! Reden Sie mit mir! Sind Sie zu feig? Sie sind zu vornehm, um herumzuschreien. Grinsen Sie sich einen, weil ich schreie? Schämen Sie sich! Bluten Sie, wenn er Sie aus Leidenschaft beißt? Kann ich mir nicht vorstellen. Ich kann mir auch nicht vorstellen, dass er Sie beißt. Oder würgt. Oder fesselt. Ich sehe Sie nur daliegen und es mit sich machen lassen. Ich habe geblutet und meine Wunden gepflegt, damit ich sie noch lange sehe. Ihr Geld ist eine dunkle Macht, und am Ende hat er sich für das Geld entschieden, das Geld beinhaltet Sie und gibt ihm Sicherheit. Sie sind sozusagen sein Sicherheitspaket. Mein Gott, bin ich froh, dass ich kein Sicherheitspakt bin! Lassen Sie mich trauriger weise sagen, dass ich Sie beglückwünsche, so einen King zu haben. Das mit der Krawatte, wieder zugegeben, die habe ich als Trophäe behalten, das muss schon drin sein, und wenn sie auch aus Seide ist und handbemalt, ein Geschenk von Ihrer Unwichtigkeit an den King. Soll ich vielleicht doch Details erzählen? Aber jetzt gehört sie mir, diese Krawatte. Und sollten Sie versuchen, sie mir abspenstig zu machen, werde ich sie zerschneiden und ihre Fitzelchen als Lesezeichen verwenden. Leben Sie wohl! Sie gehen recht in der Annahme, dass ich die Krawatte mit ins Bett nehme, als wär's ein Stück von Ihrem King. Er hat ja meine Nummer."

Die Aufzeichnung auf dem Anrufbeantworter wurde von Ursula M. im Scheidungsverfahren gegen ihren Mann verwendet. Die Krawatte hatte ihr Anwalt sicherstellen lassen und dem Gericht als einen weiteren Beweis vorgelegt. Sie wurde auf Spuren hin untersucht und dann an Susanne S. zurückgegeben. Susanne S. war eine von sechs Frauen, mit denen der Beschuldigte Bruno M. eine ehebrecherische Beziehung unterhielt. Es ging bei dieser Scheidung um viel Geld. Dr. Kuntner, der Anwalt von Ursula M., sagte: „Viel Geld ist erst der Vorname."

m 15. Oktober 1958 veranstaltete Udell Gabrielson, der Besitzer eines Fernsehgeschäfts in Oskaloosa, Iowa, zusammen mit dem Vertreter Freddie Martenson einen Werbetag für die Produkte der Futtermittelfirma Felco. Zum ersten Mal wurde bei dieser Gelegenheit ein Farbfernseher vorgeführt. Mehr als 400 Menschen kamen. Gabrielson und Martenson hatten als Reklamegag eine flammend rote Krawatte in einer Auflage von 500 Stück nähen und bedrucken lassen. Noch viele Jahre lang wurde der 15. Oktober in Oskaloosa als der Felco-Freddie-Day gefeiert. Die Krawatten mit den lachenden Boys sind begehrte Sammlerstücke.

D er berühmte Ausspruch von Groucho Marx, er möchte keinem Club angehören, der ihn als Mitglied akzeptiere, soll gefallen sein, als der Komiker aus dem Friars Club ausgetreten war. Der damalige Vorsitzende, der Schriftsteller Michael Zinnober, hatte sich empört, weil Mr. Marx über ihn und sein neues Werk gesagt hatte: „Sobald ich Ihr Buch in die Hände nahm, konnte ich nicht mehr aufhören zu lachen. Eines Tages werde ich es sicher lesen."

Das Schulkind wusste nichts über Sex, wusste nicht, wie Kinder gemacht werden. An einem Nachmittag kam das Mädchen früher als gewohnt aus der Schule und hörte Geräusche aus dem Schlafzimmer. Es öffnete mit Vorsicht die Tür und sah die Mutter auf dem halbnackten Vater sitzen, das Hemd hatte er noch an und auch die Krawatte, die Hose aber war unten bei den Füßen, und der Vater schnaufte laut. Die Kleine schlug vor Schreck die Tür zu, die Eltern flogen auseinander, der Vater fiel vom Bett.

Die Mutter hob das Kind auf ihren Schoß und schaukelte es sanft. „Weißt du", sagte sie, „ohne das da", und sie wies auf die Schlafzimmertür – beide wussten, was gemeint war – „ohne das da, gäbe es dich nicht."

„Und die Putzi?", fragte das Kind.

Die Putzi war die kleine Schwester, noch ein Säugling.

„Die Putzi auch nicht."

„Dann habt ihr das also zwei Mal schon gemacht!", rief das Mädchen und lief davon, die Hände vors Gesicht geschlagen.

6

Die Geschichte der 27

Die Krawatte wurde 2013 in Wien auf dem großen Flohmarkt hinter der U4 Station Kettenbrückengasse für 45 Euro erstanden. Sie war eingeschlagen in Seidenpapier und verwahrt in einem lackierten Holzkistchen, 5 cm breit, 2 cm hoch, 30 cm lang, mit Scharnierdeckel und Schloss. Unter der Krawatte lag ein Billett, darauf stand: „Der Tierkopf. Affe! – U.“ Auf der Rückseite des Kistchens war eine eingebrannte Prägung: *Nathan Sabourin, 52 Avenue des Champs-Élysées, Paris, 75008.*

Der Käufer – er möchte nicht, dass sein Name in diesem Zusammenhang aufscheint, er ist ein in Österreich recht bekannter Mann, also nennen wir ihn anspielungshalber Herr K. – erkundigte sich über das Internet und brachte in Erfahrung, dass Nathan Sabourin ein kleines, aber sehr hoch bewertetes Herrenausstattungsgeschäft betrieb, das sich auf Renovierung und Änderung alter, wertvoller Herrenkleidung spezialisiert hatte. Weil es Herrn K. gefiel, wie er sagte, „wieder einmal die freie französische Luft zu atmen und sich mit ein bisschen Detektivspielen die Zeit zu vertreiben“, fuhr er nach Paris. Er stieg im *L'Hôtel* in der Rue des Beaux-Arts 13 in Saint-Germain-des-Prés ab, dem ehemaligen *Hotel d'Alsace*, wo er schon bei den beiden letzten Visiten gewesen war, aß bei *Boutary* zu Abend und besuchte am darauffolgenden Tag den Louvre und das Centre Pompidou und eben auch das Geschäft von Nathan Sabourin auf den Champs-Élysées. Dabei hatte er sich die zur Disposition stehende Krawatte umgebunden.

Monsieur Sabourin erkannte das Stück sofort.

Herr K. erzählt, der Mann sei erschrocken und zwei Schritte zurückgewichen. „Ich kann ziemlich gut Französisch, immerhin habe ich vier Jahre in Paris gelebt, denn nichts wäre leichter gewesen, als in dem folgenden

Gespräch zwischen mir und Monsieur Sabourin Missverständnisse zu produzieren."

Nathan Sabourin fragte, woher er das Stück habe.

Herr K.: „Er sah ängstlich aus, er sagte, er habe mit der ganzen Angelegenheit nichts zu tun. Es gebe nur einen Vorwurf, den man ihm machen könne, nämlich dass er vergessen habe, die Krawatte dem Anzug beizulegen. Er wisse gar nichts."

Herr K. erklärte ihm, dass auch er nichts wisse, dass er die Krawatte vor wenigen Wochen erst auf dem Flohmarkt in Wien gekauft habe und dass er neugierig geworden sei wegen eines Billetts, auf dem eine Widmung stehe oder ein Gruß, jedenfalls meine er, es handle sich um etwas in dieser Art.

Er zog sich die Krawatte vom Kragen. Ob Monsieur Sabourin ihm sagen könne, warum sie übersät sei mit der Zahl 21.

Herr K.: „Es sei eine amerikanische Krawatte, erklärte er mir, die Zahl sei nicht 21, sondern 27. Die Ziffer 1, sagte er, schreiben die Amerikaner als einen senkrechten Strich, die 7 ohne einen zweiten Strich in der Mitte. Ich sagte, ja, ja, das weiß ich auch. Aber, sagte ich, schauen Sie sich den Querstrich auf der Krawatte an! Wenn das eine amerikanische 7 sein soll, dann ist der Winkel zu steil, verstehen Sie? Bei der 7 wäre es ein rechter Winkel, hier ist es aber ein steiler Winkel. Jeder muss glauben, hier steht 21 und nicht 27. Verstehen Sie, was ich meine?"

Monsieur Sabourin verstand genau, was Herr K. meinte. Er verstand es nur zu genau. Das eben sei das Problem, sagte er.

Und dann erzählte er ihm die ganze Geschichte – sicher nicht die ganze, aber alles, was er wusste.

Eines Tages betraten drei Männer sein Geschäft. Sie brachten vier Anzüge mit, besonders schöne Exemplare, einen löwenfellhellen, einen kakaobraunen, einen schwarzen und einen grauen, der im Faltenwurf ins Altrosa spielte. Feinste Ware. Vierzigerjahre. Amerika. Breite Schultern, weite Hosen. Allerdings waren die Teile in einem erbarmungswürdigen Zustand. Knöpfe fehlten, an manchen Stellen war der Stoff eingerissen, die Aufschläge an einer der Hosen waren rettungslos abgewetzt. Zwei der Männer hielten sich im Hintergrund, sie hatten jeder in einem Ohr einen Knopf mit einem dünnen Kabel, das in ihrem Jackenkragen verschwand.

Also vermutete Monsieur Sabourin, dass es sich bei dem dritten Mann um eine Persönlichkeit handelte. Ob er die Anzüge in einen Zustand versetzen könne, der ihnen gerecht werde, fragte der Mann. Das könne er, sagte Monsieur Sabourin. Wie viel Zeit er dafür habe? Wie viel er brauche? Zwei Wochen. Gut. Er würde die Hälfte des Honorars gern im Voraus bezahlen, sagte der Mann. Er nickte einem der beiden zu, der zählte 2000 Euro auf den Tisch. Das sei zu viel, sagte Monsieur Sabourin, mit 800 als die Hälfte seines Honorars sei er zufrieden. Der Mann schob ihm das Geld zu. Ihm, sagte er, seien die Anzüge aber so viel wert. Und dann noch etwas. Er gab dem anderen der beiden ein Zeichen, und der legte ein Kästchen auf den Tisch, eben jenes. Darin war eine Krawatte. Eben jene. Aber nicht dieselbe, sondern die gleiche, wenn Herr K. verstehe, was er meine. Diese war zerstört. Der breite Teil war bis zu einem Drittel verbrannt. Ob er die Krawatte renovieren könne? Nein, das könne er nicht, sagte Monsieur Sabourin. Ob er eine genau gleiche nähen könne? Monsieur Sabourin sah sich das Stück an. Schwarze Seide. Er besaß einen sehr ähnlichen Stoff, nicht viel davon, aber es würde reichen. Die Ziffern müssten aufgestickt werden, sagte er, er habe keine Möglichkeit, sie zu drucken. Das würde aber viel Zeit benötigen. Ob er es in den 14 Tagen schaffe? Ja. Sie vereinbarten das genaue Datum, und die drei verließen den Laden.

Monsieur Sabourin rief einige seiner Kunden an und sagte, er müsse die Fertigstellung ihrer Ware leider um ein paar Tage verschieben und nannte familiäre Gründe. Am selben Tag noch machte er sich an die Arbeit. Zuerst nahm er sich die Anzüge vor. Sie waren doch schlimmer beieinander, als er zuerst gedacht hatte. Er musste an manchen Stellen Stoffteile einsetzen, zum Glück an Stellen, die nicht sichtbar waren. Die Stoffe musste er erst besorgen. Er kannte viele Händler in der Stadt, identisches Material konnte er allerdings nicht finden. Er beruhigte sich damit, dass nur ein Fachmann wie er die ausgebesserten Stellen als solche würde erkennen können. Ähnlich verhielt es sich mit den Knöpfen. Am meisten Arbeit aber machte die Krawatte. Die Stickerei musste so fein sein, dass die Ziffern aussahen wie gedruckt. Dazu war erstens ein hauchdünner Seidenfaden nötig, der in mehreren Lagen nebeneinander gestochen werden musste, zweitens durften die Stiche höchstens über zwei Fäden auf dem Stickboden, eben der Krawatte, gehen, sodass er für eine Zahl, bestehend aus den zwei Ziffern, fast eine halbe Stunde benötigte. Das hieß: Er kam in diesen 14 Tagen nur zu sehr wenig Schlaf und zur Einsicht, dass 4000 Euro ein durchaus angemessener Preis für seine Arbeit waren.

Am Morgen des verabredeten Tages, gleich nachdem Monsieur Sabourin seinen Laden geöffnet hatte, standen die drei Männer wieder in seinem Geschäft. Er war stolz auf seine Arbeit und erwartete nichts anderes als begeistertes Lob. Das bekam er auch – für die vier Anzüge. Er fragte, ob der Herr sie anprobieren wolle. Wollte er nicht, sie seien nicht für ihn. Dann aber die Krawatte. Der Mann starrte sie an. Sein Hals dehnte sich, und er warf das wertvolle Stück von sich.

„Das ist 21!", fauchte er. „Ich aber habe 27 bestellt!"

Seine Begleiter kamen näher und stellten sich eng neben Monsieur Sabourin.

„Bis heute Abend um sechs Uhr!", drohte der Mann und stieß den Schneider gegen die Brust. Bis dahin gebe er ihm Zeit, die Zahlen auf der Krawatte zu ändern. „Die amerikanische 7!", schrie er ihn an. Er solle die Krawatte im Hotel *Peninsula* abgeben. Dort bekomme er auch sein restliches Geld.

„Und wenn er es nicht schaffe?", fragte Monsieur Sabourin.

Der Mann gab den beiden wieder ein Zeichen. Sie packten den Schneider und drückten ihn gegen die Wand und sagten etwas. Er verstand aber nicht, was sie sagten. Er wusste nicht einmal, was für eine Sprache es war.

„Ich habe sie nicht verstanden", wimmerte er.

Die beiden seien sehr böse Menschen, sagte der Mann. Er wolle lieber nicht übersetzen, was sie gesagt haben. Aber er müsse doch wissen, was sie gesagt haben, flehte Monsieur Sabourin, es sei doch wahrscheinlich wichtig für ihn. Ja, wichtig sei es, sagte der Mann. Und dann übersetzte er:

„Sie werden Ihnen die Finger brechen, und zwar so fachmännisch, dass Sie nie wieder auch nur irgendetwas mit Nadel und Faden anfangen können."

Dann verließen die drei den Laden.

„Ob Sie es glauben oder nicht", erzählte Nathan Sabourin Herrn K., „ich habe es geschafft. Erst dachte ich, ich könne die Stickereien auf der Krawatte doch noch irgendwie verwenden, die 2 stehen lassen und von der 1 nur den Querbalken auftrennen und ihn in einem anderen Winkel neu sticken. Ich versuchte es. Es ging nicht. Jeder würde sehen, dass herumgepfuscht worden war. Also nähte ich eine neue Krawatte. Der schwarze Seidenstoff reichte gerade noch aus. Und dann stickte ich. Panisch stickte ich. Nie in meinem Leben habe ich mit solcher Eile, aber auch mit solcher Sorgfalt gearbeitet. Um fünf Uhr bestellte ich ein Taxi, es war Hauptverkehrszeit, und noch im Wagen stickte ich weiter. Ich stickte, bis wir vor dem Hotel Peninsula angekommen waren. Es war Punkt sechs Uhr. Als ich vor der Rezeption stand und die Nadel aus der Krawatte zog, erschrak ich: Ich hatte das Kästchen im Laden vergessen! Was sollte ich tun? Es war keine Zeit mehr. Ich übergab der Dame an der Rezeption die Krawatte, sie gab mir ein Kuvert. Mit demselben Taxi fuhr ich nach Hause."

Am nächsten Tag habe er sich nicht getraut, in seinen Laden zu gehen. Er rechnete damit, dass die beiden Männer mit der Sprache, die er nicht kannte, auf ihn warteten. Auch am übernächsten Tag blieb er zu Hause. Eine ganze Woche lang blieb er zu Hause.

Nichts geschah, und nichts war geschehen. Es hätte ihn nicht gewundert, wenn die Fenster zu seinem Laden eingeschlagen worden wären, ja, das hatte er für möglich gehalten. Aber es war nichts. Bis heute nicht.

„Aber ehrlich, ich bin immer noch auf etwas gefasst", sagte Nathan Sabourin zu Herrn K.

Nun erst habe er sich das Kästchen angesehen und habe auch die Karte mit dem Gruß oder der Widmung, oder was immer es sei, gesehen:

„Der Tierkopf. Affe! – U."

Da habe er sich gedacht: Gut, dann soll es eben so sein. Er habe auf die Rückseite des Kästchens sein Logo gebrannt – *Nathan Sabourin, 52 Avenue des Champs-Élysées, Paris, 75008 –*, habe die Krawatte mit der falschen 7, die aussah wie eine 1, in Seide eingeschlagen, die Karte daruntergelegt und auf einen Kunden gewartet, der an so etwas interessiert sein könnte.

„Und so einer ist gekommen", sagte Herr K., und es war Frage und Feststellung in einem.

„Ja", sagte Monsieur Sabourin. „Die ganze Sache liegt nun schon 15 Jahre zurück. Irgendwann betrat ein junges Paar meinen Laden. Die Frau war entzückt von den Dingen, die zugegebenermaßen hier zu sehen sind. Sie wollte ihren Mann ausstatten. Er war ein gut aussehender Mann mit einer idealen Figur. Sie wählte einen Anzug aus den frühen Fünfzigerjahren, ein

Hauch Grün. Dazu ein passendes Hemd und passende zweifarbige Schuhe, braun und vanille. Am Ende fragte sie, ob ich eine Krawatte habe, die zu ihrem Mann und seinem neuen Anzug passe. Ich wollte ein Kompliment machen, ihm und ihr, und sagte: Ja, habe ich. Ihr Mann ist ein rätselhafter Mann, das sehe ich. Ich habe eine rätselhafte Krawatte für ihn. Und zeigte ihr das Kästchen. Sie war außer sich vor Begeisterung. Um sie nicht zu enttäuschen, verlangte ich das Doppelte von dem, was ich eigentlich vorgesehen hatte."

„Und wie, glauben Sie, ist die Krawatte auf den Flohmarkt von Wien gelangt?", fragte Herr K. „Und was bedeutet die Widmung?"

Darauf wusste Monsieur Sabourin keine Antwort.

So erzählt der mittlerweile 70-jährige Oskar K., durch sein ganzes Leben – und immer noch – verbittert, seinem Enkel:

„Deine Urgroßeltern waren ein Liebespaar ihr Leben lang, und ich, ich war das nicht geplante Kind, der Eindringling. Sie nahmen mich nicht wahr, und wenn sie mich wahrnahmen, riefen sie nach meiner Großmutter, deiner Ururgroßmutter, sie solle sich mit mir beschäftigen. Selber zogen sie ihre Wanderkleidung an und gingen Hand in Hand zur Seilbahn, fuhren ins Gebirge, legten sich wie zwei Unschuldige auf die von der Sonne erhitzten Steine und waren eins. Ich beschmierte derweil zu Hause ihre Schuhe mit Farbe, damit sie sich an mich erinnerten. Ich hätte gern gesagt: Ich war's. Wenigstens geschimpft hätten sie mich. Umsonst. Er wollte vor ihr vornehm sein, sie vor ihm. Er Krawatte auch am simplen Tag, sie Brosche."

7

Die Geschichte von Karl S., genannt „der Schlips"

Karl S., genannt „der Schlips", Beamter im Innenministerium bis zu seiner Frühpensionierung. Nach eigener Taxierung: Kleingeist.

Sein Bruder, der ihn nicht mochte, auch über Karls Tod hinaus nicht, sagte über ihn: „Alles Kleingeistige in der Erbmasse unserer Familie hat darauf gewartet, einmal richtig zuzuschlagen. Karl hat diesem Dämon dazu die Gelegenheit geboten."

Ob Karl S. sich die Eigenbezeichnung „Kleingeist" auf Anregung von ihm, seinem Bruder, gegeben habe?

Das könne gut sein, sagte der Bruder. Manchmal habe er ja doch einen Rat von ihm angenommen.

Warum er ihn nicht gemocht habe und immer noch nicht möge, über seinen Tod hinaus?

„Weil er der Mama und dem Papa so viel angetan hat", antwortete der Bruder.

Erster Kontakt mit einem Psychiater im Alter von sieben Jahren. Grund: ein Wutanfall. Die Eltern hatten Sorge gehabt, das Kind tue sich etwas an.

Karl hatte aus Lego einen Turm gebaut und wollte die übrig gebliebenen Steine in eine Büchse ordnen. Da sei ihm aufgefallen, erzählten die Eltern dem Psychiater, dass es nur gelbe, weiße, rote und blaue Steine gab, aber keine grünen. Er habe seine Mutter gefragt, ob sie die grünen Legosteine aussortiert habe und ihm vorenthalte und warum. Es gebe keine grünen, habe die Mutter gesagt. Das habe Karl aber nicht geglaubt. Er habe seinen zwei Jahre älteren Bruder gefragt, ob er die grünen Steine versteckt habe. Der antwortete ihm das Gleiche wie die Mutter: Die Firma Lego produziere keine grünen Steine. Daraufhin habe Karl den Wutanfall bekommen. Er habe sich auf den Boden geworfen und geschrien, wie Vater, Mutter und Bruder in ihrem Leben noch nie einen Menschen hatten schreien hören. Er habe sich auf den Bauch gewälzt und mit der Stirn auf die am Boden liegenden roten, weißen, blauen und gelben Legosteine geschlagen, bis sie alle rot waren, aber von Blut.

Der Psychiater bat die Eltern, ihn eine Stunde mit Karl allein zu lassen. Die beiden hätten sich nur in die Augen schauen müssen, um zu erkennen, dass sie von ähnlichem Charakter waren. Der Psychiater, Dr. Georg M. (Name geändert), habe Karl zugesichert, dass er auf seiner Seite sei. Und dass er froh sei, endlich jemanden gefunden zu haben, der die Welt ähnlich sehe wie er. Zusammen hätten sie einen Brief an die Firma Lego aufgesetzt, in dem sie anregten, grüne Steine ins Sortiment zu nehmen. Schon nach einem Monat bekam Dr. M. Antwort. Man werde den Ratschlag erwägen, hieß es. Der Psychiater wartete vor der Schule auf Karl, zeigte ihm den Brief, und dann gingen sie Eis essen und feierten ihren Erfolg. Die beiden waren von diesem Tag an Freunde, und sie blieben es, bis Dr. M. starb. Tatsächlich waren in der neuen Kollektion von Lego zu Weihnachten 1961 auch grüne Steine.

In der Pubertät sah Karl S. nur auf Mädchen mit geradem Saum und ordentlicher Frisur. Viele interessierten sich für ihn. Er war intelligent, sah gut aus, und vor allem: war immer gut gekleidet. Das war außergewöhnlich. Zu dieser Zeit legten die jungen Burschen keinen Wert auf feine Anzüge. Nicht einer besaß einen Anzug. Anzüge seien Sachen für Männer ab 50, hieß es. Karl war anderer Meinung. Er ging jeden Tag zur Schule, als wäre Sonntag. Anzug und Krawatte. Bei den Mädchen kam das gut an. Bei den Burschen weniger. Nur eine entsprach seinen Vorstellungen. Sie war in seiner Klasse, aber er wurde von ihr übersehen. In seinem Bett schrieb er ihr zarte Briefe und legte sie unter ihre Bank. Vergeblich. Sie wäre ideal für ihn gewesen. Auch sie kam gut gekleidet, jeden Tag. Merkwürdig: Sie trieb sich mit den abgehalftertsten Typen herum. Blue Jeans und ausgeleierte T-Shirts. Die unter den Achseln stanken. Nach Zwiebel. Karl brachte es nicht über sich, in solchen Fetzen die Straße zu betreten. Er brachte es auch nicht über sich zu frühstücken, ehe er mindestens eine halbe Stunde im Bad gewesen war. Er verzichtete. Auf das Mädchen verzichtete er.

Zweiter Kontakt mit einem Psychiater. Wieder ein Wutanfall. Dr. M. lebte nicht mehr. Der neue Psychiater, Dr. Wilhelm T. (Name geändert), verhielt sich sehr distanziert. Karl vertraute ihm nicht. Sie vertrauten sich gegenseitig nicht.

Karl war nun 30, wohnte aber noch immer bei seinen Eltern. Für Frauen interessierte er sich nicht mehr, und die Frauen nicht mehr für ihn. An seiner Einstellung zu Kleidern und Körperpflege hatte sich nichts geändert. Seit einem Jahr arbeitete er im Ministerium. Er hatte seinen Doktor in Jus gemacht und ein zweites Studium angehängt: Politikwissenschaft, Spezialgebiet diplomatische Beziehungen.

An diesem Abend war er zu einem Empfang in der Britischen Botschaft eingeladen. Dafür hatte er sich neu eingekleidet. In dem besten Herrenfachgeschäft am Kohlmarkt. Dunkelgrüne Atmosphäre, in der es nach teurem Herrenparfüm und ein wenig nach Heu roch. Er hatte einen grob karierten Anzug gewählt, englisches Tuch, Jacke mit Cutaway und aufgenähtem Dragoner. Seine Figur erlaubte es ihm, von der Stange zu kaufen. Dazu ein halbes Dutzend Krawatten.

Sein Ehrgeiz war: Er wollte für diesen Abend einen neuen Krawattenknoten kreieren. Er war sich sicher, die Engländer würden es bemerken und schätzen. Vorweggenommen: Es gelang ihm nicht. Er versuchte den Sankt-Andreas-Knoten zu erweitern, erreichte aber nur, dass ihm ein Knödel unter dem Hals hing, der nicht nur nicht elegant aussah, sondern wie eine wollene Kuhglocke. Nicht anders erging es ihm beim Versuch, den Victoria-Knoten zu variieren. An eine Abweichung vom Windsor-Knoten wagte er sich erst gar nicht, das wäre, meinte er, vielleicht bei einer Einladung in die Französische Botschaft angebracht, nicht aber bei den Engländern. Er experimentierte mit dem Plattsburg- und dem Grantchester-Konten, dann gab er auf. In einem Wutanfall warf er die Krawatten allesamt auf den Küchentisch und zerhackte sie mit dem Fleischmesser, wobei er die scheußlichsten Flüche ausstieß. Seine Mutter rief die Rettung, die brachte ihn auf die Baumgartner Höhe, und dort behielt man ihn für drei Tage.

Dr. Wilhelm T., der Psychiater, riet ihm, sich eine Freizeitbeschäftigung zu suchen, die durchaus stumpfsinnig sein sollte – beruhige die Nerven besser als Stumpfsinn – und ihm zugleich aber Freude bereite.

Dritter Kontakt mit einem Psychiater, Frühpensionierung und Einweisung in die Irrenanstalt.

Obwohl Karl S. den Psychiater T. nicht leiden konnte und von ihm nicht gelitten wurde, nahm er dessen Rat an. Er fragte bei dem Herrenbekleidungsgeschäft am Kohlmarkt, ob er in seiner Freizeit helfen dürfe. Offen erklärte er dem Besitzer seinen Fall. Kommerzialrat P. (Name geändert) verstand sofort. Die beiden hätten sich nur in die Augen schauen müssen, um zu erkennen, dass sie von ähnlichem Charakter waren. Herr P. habe Karl zugesichert, dass er auf seiner Seite sei. Und dass er froh sei, endlich jemanden gefunden zu haben, der die Welt ähnlich sehe wie er.

Karl half beim Einordnen der Krawatten. Kommerzialrat P., dieser feine Herr, amüsierte sich über ihn, er mochte ihn wirklich sehr gern. Ein wenig rührte er ihn auch. Karl S. hatte mit seinem Vorgesetzten im Ministerium eine Abmachung getroffen, sodass er nur noch halbtags arbeiten musste. An den Nachmittagen half er im Geschäft bei Kommerzialrat P. aus. Gern strich ihm der alte Herr über den honigblonden Scheitel. Bei Krawatten, die aus der Mode gekommen waren, durfte sich Karl frei bedienen. Am liebsten hätte er alle mitgenommen, aber er war zu Bescheidenheit erzogen worden. Die Wahl seiner Stücke bereitete ihm letztlich Übelkeit.

Traurig verließ er eines Abends mit sieben Krawatten das Geschäft. Hatte er die richtigen gewählt? Die rote, japanische mit den Kranichen und den Ästen eines Essigbaumes war aus Seide und ein sündteures Stück. Wann würde er die zum ersten Mal ausführen? Er legte die Krawatten auf seinem Federbett aus, gab noch einige andere dazu. Er ordnete sie nach Schönheit, dann wieder nach Größe, nach Breite, nach Farben. Er konnte sich für keine entscheiden. Sicher war nur, die mit den Kranichen war die Nummer eins. Die wurde extra in einer Schatulle verwahrt, eingeschlagen in Seidenpapier und glatt gestrichen. Diese werde ich nie anlegen, sagte er sich, denn in meinem Leben wird nichts mehr geschehen, was dieser Krawatte würdig ist. In der Nacht wachte er auf. Er hatte halb im Aufwachen die Idee gehabt, sich für sieben Krawatten zu entscheiden, eine jede für einen Wochentag. Mit dieser Auswahl würde er ein Jahr verbringen, ungeachtet der Tatsache, ob es sich um Feiertage oder normale Wochentage handelte. Dann wieder neu sieben wählen und wieder ein Jahr verstreichen lassen. Das schien ihm vernünftig und pragmatisch.

Gerade die Montagskrawatte aus Merinowolle brachte sein System durcheinander. Aber was war sein System?

An einem Montag knüpfte er die vorgesehene Krawatte, er wählte einen Knoten, aber es war kein Krawattenknoten, es war der klassische Knoten eines Galgenstricks. Er legte sich die Krawatte um den Hals, so setzte er sich zu seiner Mutter und seinem Vater an den Frühstückstisch und bat darum, ihn in die Nervenanstalt einzuweisen.

Die Pfleger raunten einander zu: „Achtung, der Schlips kommt!"

Männer durften lange Zeit die russisch-orthodoxe Kirche in San Remo, Italien, nur mit geschlossenem Hemdkragen und Krawatte betreten. Dies sei der Wunsch des montenegrinischen Königs Nikola I. Petrović-Njegoš gewesen, dessen sterbliche Überreste von 1914 bis 1989 in der Kirche aufbewahrt waren.

Das Hippodrom in Saratoga Springs im Bundesstaat New York war in den Monaten Februar bis September 1964 im Besitz von Fred Cohen, dem Cousin von Morris Barney „Moe" Dalitz, einem in den Sechzigerjahren prominenten Mitglied der sogenannten Kosher Nostra. Cohen war bekannt für seine Sammlung von Manschettenknöpfen, Stecktüchern, Krawatten und Schlagringen.

8

Jörg Fausers Hawaiihemd

Im Sommer 1986, ein Jahr vor Jörg Fausers Tod, waren wir in München im Hotel *Vier Jahreszeiten* verabredet. Fauser wollte dort „seinen Mann" treffen, wie er sagte. Wir wussten, es wäre sinnlos, ihn zu fragen, wer dieser Mann sei und was er von ihm wolle. Fauser trug ein Hawaiihemd. Es war vorne und hinten über und über illustriert. Auf dem Rücken zwischen den Schulterblättern war ein nachkoloriertes Bild von Charlie Parker. Er spielte auf dem Tenorsaxophon, die Augen hatte er geschlossen. In der Brusttasche seines Jacketts steckte ein zusammengefaltetes Comicheft.

Wir fragten Fauser, ob er wisse, dass hinten auf seinem Hemd Charlie Parker abgebildet sei.

Er wusste es nicht. Er versuchte ich über die Schulter zu schauen.

Wir gingen durch das Foyer und setzten uns an den hintersten Tisch links und bestellten dreimal *Southern Comfort*.

„Gebt mir eine Jacke", sagte Fauser.

Er nahm die Sonnenbrille ab, zog sich mit einem Ruck das Hemd über den Kopf und schlüpfte in die Jacke, die wir ihm reichten.

„Ihr habt recht, es ist Charlie Parker", sagte er. „Rechts von ihm würde Miles Davis stehen, und noch weiter rechts sitzt Max Roach am Schlagzeug. Ich habe mir das Hemd nie richtig angesehen. Dabei habe ich viel dafür bezahlt."

„Und was ist das für ein Comicheft in Charlie Parkers Tasche?", fragten wir.

Das Heft hatte die Farben Rot, Blau und Weiß.

„Ich schätze, *Captain America*", sagte Fauser. „Es sind die Farben von *Captain America*. Das Foto mit Charlie Parker und seiner Band, das ich meine, wurde 1947 gemacht. Nach diesem Foto, schätze ich, haben sie das

Hemd bemalt. Aber dann kann es nicht *Captain America* sein. Nach dem Krieg hat es diese Hefte nicht mehr gegeben."

„Oder das Foto ist von früher", sagten wir.

Unter Charlie Parker waren zwei Palmen zu sehen, zwischen ihnen zwei Liegestühle, in denen zwei lachende Männer saßen. Sie lachten und schauten nach rechts unten. Dort tat sich ein Höllenschlund auf, ein Loch in der Erde, in dem glühende Lava sprudelte. Die Männer beugten sich nach vorn. Ihre Krawatten hingen in den Feuerschlund, die Spitzen brannten bereits. Trotzdem lachten sie. Allerdings wenn das Hawaiihemd über dem Gesicht der Männer eine Falte warf, lachten sie nicht mehr, sondern zeigten ein tödliches Entsetzen.

„Glaubst du", fragten wir, „das haben die Hersteller deines Hemdes so gewollt?"

„Ich weiß es", sagte Fauser.

„Woher hast du das Hemd?"

„Aus Las Vegas."

„Und wer, denkst du, sind die beiden in den Liegestühlen?"

„Belial und Urian."

„Die beiden?"

„Schaut sie an. Es sind Teufel."

„Ihre Krawatten brennen."

„Darum lachen sie."

„Und warum lachen sie nicht mehr, wenn das Hemd eine Falte wirft?"

„Weil ewig nur ihre Krawattenspitzen brennen werden. Die Teufel sind auf ein Hemd gebannt."

„Und das stört sie?"

„Sie wollen, dass die Welt brennt."

Er drehte das Hemd um. Auf der Vorderseite waren über der Brust rechts und links Autos abgebildet, ein vanille- und ein türkisfarbener Cadillac, beide mit offenem Verdeck. Am Steuer des einen saß eine Frau, am Steuer des anderen ein Mann. Die Frau, so schien es, fuhr dem Mann davon.

„Ein Hemd für Schriftsteller", sagte Fauser. „Ich habe es mir anfertigen lassen. In Las Vegas gibt es eine Manufaktur, die macht so etwas. Selber Dichter, diese Leute, Künstler, wahre Künstler. Du legst dich auf die Couch, schließt die Augen, alles voll klimatisiert, und dann erzählst du irgendetwas, redest einfach eine Stunde lang. Wie auf dem Sofa beim Analytiker. Und einer von den Leuten schreibt mit. Eine Woche später kannst du das Hemd abholen. Sie tätowieren auch. Ist nichts für mich. Ein Hemd kannst du wegwerfen, wenn es dir nicht mehr gefällt, die Haut nicht."

„Und warum fährt die Frau dem Mann davon?", fragten wir.

„Schaut ihn an!", sagte er.

Wir beugten uns über das Hemd. Der Mann, so schien es, hatte sich in seinem Cadillac aufgerichtet, damit er über die Windschutzscheibe blicken konnte. In seinem Gesicht stand tödliches Entsetzen. Von seinem Hals flatterte eine rosa Krawatte, darauf war ein Wasserfall abgebildet, vor dem eine Frau stand. Sie trug nur ein schmales Oberteil, ein Tuch hatte sie um ihre Hüften gewickelt. Es war nicht eindeutig, ob sie im Begriff war, das Tuch umzubinden oder abzulegen.

„Der Mann sieht aus, als fürchte er um sein Leben", sagten wir.

Fauser gab uns die Jacke zurück und zog sich wieder das Hemd über. Er winkte dem Kellner und bestellte drei Zigarren.

„Wenn unser Mann kommt", sagte er, „möchte ich, dass wir einen bestimmten Eindruck auf ihn machen. Die Zigarren können dabei behilflich sein."

„Was ist unsere Aufgabe?", fragten wir.

„Mitschreiben", sagte er.

Jörg Fauser ist 1944 geboren, er war Journalist und Schriftsteller. Acht Jahre war er heroinsüchtig, 1972 schaffte er den Entzug ohne Hilfe. Er schrieb für mehrere Zeitschriften regelmäßige Kolumnen, Essays, Reportagen und Kurzgeschichten. In *Rohstoff*, einem seiner besten Romane, beschreibt er sein Leben als Junkie. Etliche seiner Romane wurden verfilmt, darunter *Der Schneemann*. Werkausgaben sind im Verlag Rogner & Bernhard in Hamburg, im Alexander Verlag Berlin und im Diogenes Verlag in Zürich erschienen. Er starb am 17. Juli 1987. Er war nachts auf der Autobahn gegangen und von einem Lkw niedergefahren worden.

„Wenn du auf Reisen bist", sagte er zu mir, „dann achte auf drei Dinge: Erstens – im Hotel nicht fernsehen und keine Pornografie, sonst gibst du dir irgendwann die Kugel. Zweitens – immer geputzte Schuhe. Verlass dich nicht darauf, dass im Hotel ein Automat steht, nimm Bürste und Schuhcreme mit! Drittens – niemals ohne Krawatte. Überrasche dich selbst! Nimm ein Dutzend mit! Sie brauchen keinen Platz. Wenn du im Lift des Hotels nach unten fährst und in den Spiegel schaust, dann sollst du einen Herrn sehen, keinen Lieferanten!"

Es war während der Buchmesse in Frankfurt. Wir hatten uns beim Empfang des Rowohlt Verlags betrunken gemacht und waren nun auf dem Weg zu unserem Hotel.

„Seh ich aus wie ein Lieferant?", fragte ich. Ich trug keine Krawatte.

„Ja", sagte er.

Im Hotel gingen wir noch auf sein Zimmer und tranken die Minibar leer. Ich durfte mir eine seiner Krawatten aussuchen.

„Ich schenk sie dir."

„Das musst du nicht", sagte ich. „Ich leihe sie mir aus."

„Nein", sagte er. „Es macht mir eine Freude zu wissen, dass ich aus dir einen Herrn gemacht habe."

Ich suchte die rote mit den vielen kleinen Zylindern und den vielen kleinen Handschuhen und den vielen Schirmchen aus.

„Gute Wahl", sagte er.

Adieu, Jörg!

9

Die gelbe mit den braunen und roten Querstreifen

Was sind schon 90 Minuten im Angesicht des Todes? Ein Mensch, dessen Namen wir nicht erfahren haben, wurde von einem Zug erfasst und getötet. Feuerwehr und Rettung, ein Staatsanwalt, verspätete Züge … Die Durchsage beunruhigte die Fahrgäste.

Uns gegenüber saß ein Türke, er hatte seinen Kopfhörer abgenommen und aufgehört, leise vor sich hin zu singen. Er verzog keine Miene. Stieg wie alle Fahrgäste für den Schienenersatz aus und stellte sich bei den Bussen an. Und summte wieder. Wir waren nahe bei ihm, und sein Summen beruhigte uns, das heißt, er stand nun zwischen uns. Kinder liefen herum, Eltern riefen nach ihnen, es wurde gedrängt, und jeder verhielt sich, wie es seine Art war.

Ein junger Mann redete laut und beklagte sich. Er redete Leute an, die er nicht kannte, erzählte von seinen Plänen und was eine solche Verspätung für ihn bedeute, er frage sich, wer ihm den Schaden ersetze. Die Leute antworteten ihm nicht, sie reagierten nicht auf ihn, das hinderte ihn aber keineswegs, weiter Unruhe zu stiften.

Niemand kannte sich aus. Wie soll man sich auch bei einer solchen Katastrophe zurechtfinden. Die meisten Leute blieben vernünftig und warteten ab. Es wurde gemutmaßt, was wohl geschehen sei. Einer wusste, was andere nicht wussten, er erfand wahrscheinlich eine Geschichte, ein Mann habe einen anderen Mann auf das Gleis gejagt, und beide seien getötet worden. Reine Vermutung. Eine Frau mit einem Säugling fing an zu weinen, lauter als ihr Kind, das auch weinte. Ein Zugbegleiter versuchte zu beschwichtigen. Zettel mit neuen Abfahrtszeiten wurden verteilt. Der Türke stand nun hinter uns und wiegte sich zu seinem Summen. Wir fragten uns, ob er wohl betet, wir antworteten uns, wir wissen es nicht.

Der Mann, den wir einen Schnösel nennen, überlegte laut, wie er die Zeit vertreiben könnte. Er sagte, Shoppen sei eine gute Idee, und klappte im Stehen seinen Laptop auf. Er wisse, wo es das beste Haargel zu kaufen gebe, eigentlich eine Haarsalbe, die gleiche, die George Clooney in dem Film *O Brother, Where Art Thou?* verwende, nämlich in einer türkischen Kleinstadt gebe es diese Haarsalbe, und nur dort. Dabei schaute er den Türken an, der aber schaute nicht zurück.

„Nur dort", wiederholte der Schnösel.

Der Türke sagte nichts.

„Nur dort!"

Nichts.

„Nur dort, Mensch!"

Endlich rief einer von hinten: „Halt die Klappe, Trottel!"

Da wurde der Schnösel kurz still, redete aber bald weiter, diesmal in eine andere Richtung.

Wir telefonierten mit unserer Tochter und sagten die Verspätung durch, alles kein Problem, ein wenig Nervosität, aber was soll's. Wir stellten uns vor, ob wir es wollten oder nicht, wie der Mensch auf dem Gleis ausgesehen habe. Bilder, die man vergessen will. Hatte er Angehörige, eine Frau, eine Mutter, Kinder? Diese armen Menschen würden in diesem Moment um einen Tisch sitzen und sich an den Händen halten, würden versuchen, sich zu trösten, würden sich vorsagen, dass der Tod nicht das Ende sei. Dass der, der in diesem Moment durch die Himmelstür tritt, wiederhergestellt und glücklich sei, glücklicher als je zuvor in seinem Leben.

Unsere Tochter holte uns vom Bahnhof ab, zusammen mit ihrem Mann. Der hatte sich eine der zwei Krawatten umgebunden, die wir ihm zu Weihnachten geschenkt hatten, die kaffeebraune mit den blauen, roten, gelben und beigen Rauten.

Unsere Tochter sagte – laut: „Ich hab euch eine starke Brühe gekocht, das wird euch guttun." Und dann leise und nur zu uns: „Fragt ihn aber bitte nicht, ob ihm die andere nicht gefallen hat, die gelbe mit den braunen und roten Querstreifen."

Wir fragten – ebenfalls leise und nur zu ihr: „Weil sie dir nicht gefallen hat?"

Aber da saßen wir schon im Auto. Und alle schwiegen.

63

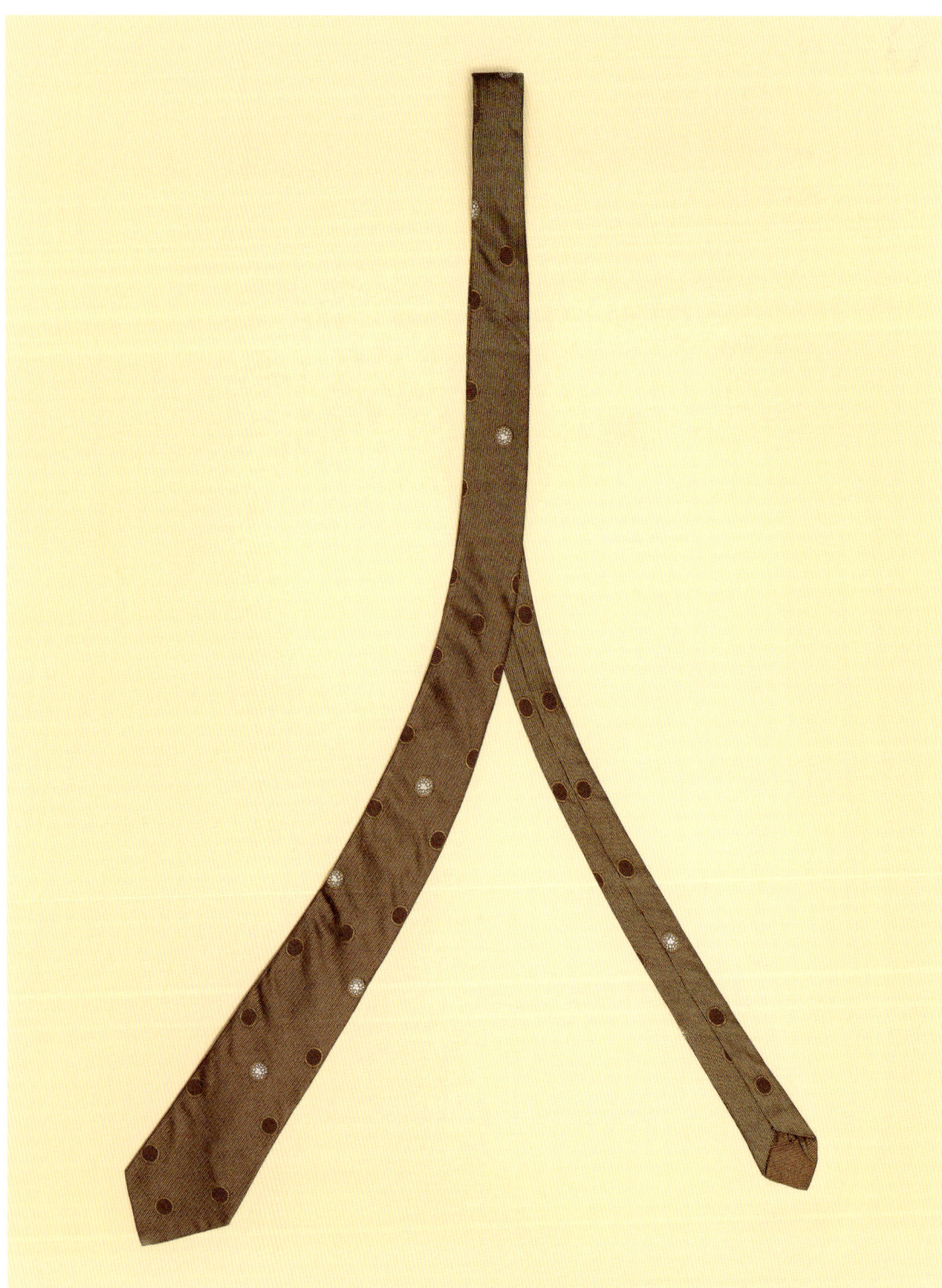

10

Der Bär
aus Tschita

Mein Mann war in Irland unterwegs, ich wollte weg sein, wenn er zurückkommt, er sollte sich um mich sorgen und mich vermissen. Ich war den ganzen Juli voller Melancholie gewesen, war mir unnütz vorgekommen, und darum wollte ich mir ein Gegenprogramm verordnen, indem ich in der Transsibirischen Eisenbahn einen Platz im Großraumwagen buchte. Man warnte mich und sagte, das würde mir bald leidtun, denn diese Art zu reisen sei nur für ganz Harte, arme Russen zum Beispiel, aber niemals Touristen. Es würden 160 Stunden in der russischen Hölle sein. Und für eine Frau werde das mehr als die Hölle sein.

Ob es denn mehr gebe als die Hölle, zumal die russische, fragte ich. Aber es war aus Angst gefragt, ein Angstscherz sozusagen.

Ich beriet mich mit einem Freund. Der sagte, ich solle mich als Mann verkleiden, als einen arroganten Herrn. Die Russen hätten einen riesigen Respekt vor arroganten Herren, sie seien von jeher Untertanen gewesen, und ihre Herren seien seit jeher arrogant gewesen. Einem arroganten Herrn würden sie sich kaum trauen, in die Augen zu schauen. Eher würden sie sich trauen, einem Bären in die Augen zu schauen als einem arroganten Herrn. Wenn ich schließlich doch nicht ganz wie ein Mann aussähe, würden sie es nicht bemerken.

Ich ließ mir die Haare schneiden, eine arrogante Männerfrisur mit schneidigem Seitenscheitel.

Meine Friseuse weihte ich ein, sie ist zwar ein regelrechtes Plappermaul, die nichts, aber auch gar nichts für sich behalten kann, aber dass sie irgendwelche Verbindungen zu irgendwelchen Fahrgästen der Transsibirischen Eisenbahn haben könnte, war doch wenig wahrscheinlich. Sie war begeistert von meinem Plan. Sie schenkte mir einen aufklebbaren Schnauz, der ebenfalls schneidig und arrogant aussah wie meine Frisur und, wie sie versicherte, sehr gut auf der Haut halte, sodass ich mir keine Sorgen zu machen brauche, er könne des Nachts im Schlaf abgehen, woraufhin der arrogante Herr am Morgen frisch rasiert aufwache, ich mir auf jeden Fall aber angewöhnen solle, nach dem Aufwachen als Erstes in einen Spiegel zu schauen.

Dann kleidete ich mich neu ein.

Ich gab viel Geld aus. Eine arrogante Garderobe ist nicht billig und nicht einfach zusammenzustellen. Ich bat meinen Freund, mir dabei behilflich zu sein. Selbstverständlich Anzug, sagte er. Nicht bequem. Nicht Jeans und Pullover. Damit würde ich mich auf der Stelle enttarnen. Ich kaufte gleich drei Stück, einen hellen, einen mittleren und einen dunklen. Dazu entsprechende Hemden und Schuhe. Besonders wichtig, um arrogant zu wirken, so hatte mich mein Freund belehrt, sei die Krawatte. Krawatten seien nämlich aus diesem Grund erfunden worden: um den Träger arrogant wirken zu lassen. Mein Freund riet mir zu einer golden wirkenden, mit spärlichen breiten Punkten versehenen, *Beau Brummell* genannten. Jeder andere arrogante Herr, und so einer finde sich in jedem Langstreckenzug, auch in der Transsibirischen Eisenbahn, werde sofort diesen Halsschmuck erkennen, besonders jeder arrogante russische Herr, denn diese würfen seit eh und je sehnsüchtige und neidische Blicke nach Westen, vor allem nach England, und George Bryan Brummell, genannt Beau Brummell, sei die Stilikone seiner Zeit gewesen und sei immer noch – und das nach 200 Jahren, bitte! – das große Vorbild aller arroganten Herren weltweit. Er sei ein enger Freund des Prinzregenten und späteren Königs Georg IV. gewesen und nach allgemeiner Meinung der erste Dandy. Fünf Stunden habe er jeden Tag benötigt, um sich herzurichten, seine Stiefel habe er mit Champagner gereinigt. Dass die Krawatte schließlich der Halsschmuck aller Herren der Welt, zumal der arroganten, wurde, sei sein Verdienst. Er war der künstliche Mensch schlechthin, sozusagen das Gegenteil des russischen Bären.

„Aber", sagte ich zu meinem Freund, „wie wird das aussehen, wenn ein so gut angezogener und obendrein arroganter Herr in einem Großraumwagen fährt, dritte Klasse? Wäre es nicht wahrscheinlich, dass so einer unbedingt erster Klasse fährt?"

„Nein, nein, falsch gedacht!", rief mein Freund aus. „So ein Herr würde normalerweise überhaupt nicht mit der Eisenbahn fahren, schon gar nicht mit der Transsibirischen. Und wenn er es doch tut, dann sicher nicht, um bequem zu reisen."

„Sondern?", fragte ich.

„Sondern, um etwas zu erleben. Ein Abenteuer. Ein Abenteuer in der Transsibirischen Eisenbahn aber kann man nur erleben, wenn man in einem Großraumwagen fährt, dritte Klasse."

„Aber", gab ich zu bedenken, „wenn nun tatsächlich ein russischer arroganter Herr im Zug sitzt, der ebenfalls ein Abenteuer erleben möchte, und wenn der die *Beau-Brummell*-Krawatte erkennt, dann wird er mich ansprechen, und meine Verkleidung fliegt auf!"

„Nein", beruhigte mich mein Freund, „das wird nicht geschehen, denn die russischen arroganten Herren leiden unter einem Minderwertigkeitskomplex. Sie würden sich nie trauen, einen arroganten Herrn mit einer *Beau Brummell* um den Hals anzusprechen, denn sie würden immer vermuten, dieser Herr komme aus dem Ausland, wenn nicht gar aus England."

Auch die Gepäckstücke sollten einschüchtern. Also einen Aluminiumkoffer und eine teure Ledertasche. Zu Hause stellte ich mich vor unseren Schlafzimmerspiegel und sah: einen Herrn im Karoanzug, über einem Arm einen Trenchcoat, an den Händen Lederhandschuhe, auf dem Kopf einen Stetson, zweifarbige Schuhe, getönte Brillengläser, neben sich zwei erlesene Gepäckstücke und unter der Nase einen akkurat ausrasierten Schnauz. Gesamteindruck: arrogant.

Ich hatte mir ein Russisch-Wörterbuch besorgt, hatte vor Jahren einen Russischkurs belegt und konnte ein paar Grußworte, wusste, wie man Essen bestellt und wie man sich entschuldigt.

Mein Daunenschlafsack war während meiner Reise der allerbeste Freund, er schützte mich vor Kälte, vor schlechten Gerüchen und Lärm. Ich war meistens ganz und gar in ihm verkrochen. In meinem Waggon befanden sich 54 Betten. Sie standen parallel zur Gangrichtung. In allen Betten lagen Männer. Darunter keiner, der eine *Beau Brummell* von einem Sonntagsbauernbinder unterscheiden konnte. Die unteren Lagen waren

Pritschen ohne Bettzeug, irgendwie konnte man sie hoch- oder herunter-
klappen und einen Tisch daraus machen. Ich hatte zwei Thermosflaschen,
Essbesteck und mein Chanel Nr. 5 bei mir. Damit beträufelte ich in Ab-
ständen immer wieder meine Schläfen und die Handgelenke. Mein Freund
hatte gesagt, seiner Erfahrung nach wirken Gerüche einschüchternd, besonders auf Menschen, die sich selten waschen.

Mit so vielen Männern auf engem Raum zu verweilen ist eine Attacke.
Ich fühlte mich bestraft, hörte Murmeln und Lachen, als ob jemand gekit-
zelt würde. Man interessierte sich nur kurz für mich, starrte in mein Gesicht, schnell senkten sich die Augen – wie mein Freund vorausgesagt hatte. Ein kleines Mädchen riss sich die Spange aus den Haaren und schenkte
sie mir. Sie hatte die Form einer Blüte. Blieb der Zug stehen, stiegen viele
Leute aus. Auf den Bahnsteigen standen alte Frauen und boten dampfen-
des Essen an, sehr billig und schmackhaft. Pelmeni – Teigtaschen mit Rote-
Bete-Füllung kaufte ich und Medowucha, ein Honiggetränk, bei dem ich
erst zu spät merkte, dass ziemlich Alkohol beigemischt war. Es eignete sich
zum Einschlafen.

In Tschita stieg ein Mann ein, der sich für mich interessierte. Gleich
sprach er mich auf Englisch an. Warum ich unter solchen Bedingungen
reise? Ich, ein Mann von Welt. Es war keine Einbildung von mir, dass er
es ironisch meinte. Nach Komplimenten, die ich verstand, und mit der
tiefsten Stimme, zu der ich fähig bin, erwiderte, packte er seine Tasche aus,
nahm Babuschkas heraus und stellte sie in der Reihe vor mir auf. Jeder
kennt sie. Das sind die aus Holz gefertigten, bunt bemalten, ineinander
verschachtelten eiförmigen Puppen. Der Mann wird, dachte ich, ein Vertreter für Matrjoschkas sein. Er reichte mir seine Wodkaflasche, und wir
tranken, dabei ordnete er seine Puppen zu verschiedenen Konstellationen
– einsame Puppen, Puppenfamilien, einander hassende Puppen, einander
liebende Puppen. Er öffnete die Puppenköpfe und nahm die Figuren bis
zur Kleinsten heraus. Manche legte er auf meinen Schlafsack, um sie dann
wieder wegzunehmen, er ließ sie sich gegenseitig küssen und den Rücken
zeigen, als ob sie gekränkt wären. Es war ein Spiel.

Ich trinke gern, aber nicht jeden Tag Schnaps, ich bin es nicht gewöhnt.
Mir verschwamm der Mann vor den Augen, ich lag halb, und halb saß ich.
Ich blinzelte. Ich wurde müde, schlief kurz ein, der Mann aus Tschita beug-

te sich über mich und wickelte den Schlafsack enger um meinen Körper. Mir schien, als hätte er plötzlich den Kopf eines Bären, aber anstatt zu erschrecken, wiegte ich meinen Kopf in seinen Armen, um ihm zu zeigen, dass er mir sympathisch war, ich wollte kein arroganter Herr mehr sein. Mir fiel ein, was ich gelesen hatte: Russische Männer sind maskulin und gnadenreich. Russische Männer beleidigen Frauen. Russische Männer weinen ausgiebig. Russische Männer sind aggressiv, benutzen unanständige Wörter und vertragen eine Menge Wodka, sie riechen scharf unter den Armen und aus dem Mund.

Ich hörte den Bären singen, und es war der Mann aus Tschita, der das Lied von den schwarzen Augen sang:

Ach, ihr seid nicht umsonst von so dunkler Tiefe!
Ich sehe in euch die Trauer über meine Seele,
ich sehe in euch das unbezwingbare Feuer,
auf dem mein armes Herz verbrennt.

Ich schlief. Wieder sah ich den Mann über mir, er roch wie aus einem Hundemaul, und dabei war er ja ein Bär. Der Bär aus Tschita. Wieder schlief ich ein, und folgende Geschichte türmte sich vor mir auf:

Ich sah den Mann aus Tschita als ungeborenes Bärchen im Bauch seiner Mutter, der großen Bärin. Er hielt sich an ihrem inneren Bauchfell fest, und sie wollte und wollte nicht niederkommen. Das bereitete der Bärin große Schmerzen, sodass sie nach der Geburt verstarb. Das Bärchen aber fand einen Honigtopf und schleckte ihn leer. Als es größer wurde und ein richtiger Bär, fraß er zwei Nachtarbeiter, die gerade aus der Möbelfabrik kamen. Sein Hunger war gestillt, und er konzentrierte sich in Hinkunft auf Hühner. Der Bär aus Tschita riss aber auch Kälber und schleppte, was er schleppen konnte. Er fand mich im Wald, und mein Kopf war vom Körper abgetrennt. Da nahm er eine Nadel mit großer Öse und sah sich nach einem Faden um, und als er keinen fand, nahm er die *Beau Brummell* und nähte mit ihr meinen Kopf wieder an meinen Hals. Dann gab er mir zu trinken.

Ein letztes Mal beugte sich der Mann aus Tschita über mich und reichte mir seine Wasserflasche. Er streichelte meine Stirn. Er war gar nicht grob. Er setzte sich mir zur Seite und sang:

Doch ich bin nicht traurig, nicht bedrückt,
glücklich erscheint mir mein Schicksal:
Alles, was Gott uns Gutes im Leben gegeben hat,
hab ich geopfert für diese feurigen Augen.

Als ich erwachte, war der Mann nicht mehr da. Ich fühlte mich leicht. Ich fühlte mich weit. Das lag daran, dass mein Hemdkragen weit geöffnet war. Der Mann hatte mir meine Krawatte abgenommen, die *Beau Brummell*. Auch meinen Schnauz hatte er mir abgerissen. Da lag ich nun – eine Frau, und in den Händen hielt ich eine Babuschka-Puppe. Und hatte Sehnsucht nach zu Hause. Ich vermisste meinen Mann.

R obert Mitchum, 1,85 m groß, hünenhaft, wie er beschrieben wird, liebte breite Krawatten. Eine rote mit runden Mustern trug er auf einer Party, und betrunken von Whiskey, wiederholte er vor jeder anwesenden Dame den Satz: „Nichts macht so alt wie der Versuch, jung zu bleiben." Seine Frau, mit der er 50 Jahre verheiratet war, zog ihn in die Garderobe und winkte mit dem Autoschlüssel. Er sah sie mit seinen immerwährend verschlafenen Augen an und folgte ihr auf den Parkplatz.

11

Die Geschichte der Helena Krantz

Meine Frau und ich hatten uns gestritten, sie hatte angekündigt, sie werde vielleicht nicht mehr da sein, wenn ich zurückkomme. Ich hatte darauf nicht reagiert. Als ich im Flugzeug saß, tat mir das leid, sehr leid.

Ich landete am Nachmittag in Dublin und fuhr mit dem Taxi in die Stadt. Es war schwül. Während der kurzen Fahrt regnete es dreimal, und dreimal war blauer Himmel. Ich hatte im Hotel *The Alex* im Zentrum ein Zimmer bestellt. An der Rezeption sagte ich, ich würde vielleicht noch ein oder zwei Tage anhängen müssen. Der Herr versprach, er werde das Zimmer freihalten. Am Abend traf ich Enya Collins in der Bar. Sie hatte vor etlichen Jahren ein Buch über Mathematikerinnen geschrieben – Enya Collins, *The Feminine Number. History of Another Science*, RIA, Dublin 2003 –, darin über Sophie Germain, Ada Lovelace, Émilie du Châtelet, Sofja Wassiljewna Kowalewskaja, Emmy Noether und eben auch über Helena Krantz – dieses Kapitel ist allerdings das kürzeste in ihrem Buch. Ich hatte Frau Collins bereits in unserem E-Mail-Verkehr angekündigt, dass ich beabsichtigte, einen Essay über Helena Krantz zu schreiben, und sie gebeten, mir dabei behilflich zu sein.

Helena Krantz war zweifellos eine der größten mathematischen Begabungen in der zweiten Hälfte des 20. Jahrhunderts, darüber hinaus ein tragisches Genie, wie sich die Romantiker vor 200 Jahren eines gewünscht hätten. Frau Collins sagte, zu ihrem heutigen Bedauern habe sie, als sie an ihrem Buch schrieb, sich zu wenig mit Helena Krantz beschäftigt und freue sich deshalb umso mehr, dass sie mir ihre Recherchen zur Verfügung stellen könne. Was sie tat. Dafür danke ich ihr.

Helena Krantz habe – damit eröffnete Enya Collins an diesem Abend ihren Bericht – seit ihrem 15. Lebensjahr Krawatten getragen. Und nicht nur sonntags. Krawatten und schwarze Männerschuhe, Größe 46.

Es war das Jahr 1960. Helena besuchte die Highschool in Westwood, Los Angeles, und galt als einsame Ausnahme. In allen Fächern war sie die Beste, in Mathematik aber übertraf sie sogar ihre Lehrerin. Mrs. Crown war eine der wenigen, mit der sich Helena unterhalten wollte, mit ihren Mitschülerinnen wollte sie das nicht. Man hörte sie lachen, wenn sie mit ihr sprach. Sonst hörte man sie nie lachen. Mrs. Crown war es auch, die vorschlug nachzufragen, ob Helena wenigstens als Gasthörerin im Fachbereich Mathematik an der Universität teilnehmen dürfe. Helenas Mutter stimmte zu, „zwar zögerlich, aber doch irgendwie stolz", wie sich Mrs. Crown erinnerte. Beim Vater sei mehr Überzeugungsarbeit nötig gewesen, er habe es für „irgendwie unanständig" gehalten, wenn eine Frau sich für Mathematik interessiere.

Ihren Eltern und Geschwistern war Helena unheimlich und fremd. Mary, drei Jahre älter als sie, wann immer sie später zu ihrer Schwester interviewt wurde, sprach von Helena ausschließlich als Miss Krantz. George, der Bruder, ein, wie er sich selbst taxierte, mittelmäßiger Immobilienmakler, pflegte seinen Zynismus vor seinen Freunden damit zu entschuldigen, dass er in der Umgebung eines Genies aufgewachsen sei und Genies ihre Umgebung verheeren, ob sie das wollen oder nicht. Als sie vom Tod ihrer Schwester erfuhren, waren sie erleichtert – das gaben Mary und George unumwunden zu. „Sie machte jeden, den sie traf, unglücklich", sagten sie, „und am unglücklichsten machte sie sich selbst." Der Ruhm ihrer Schwester war ihnen suspekt, sie schrieben ihn einem Skandal zu und nicht ihren Leistungen auf dem Gebiet der Zahlentheorie, davon verstanden sie gar nichts.

Pünktlich zu Helenas 16. Geburtstag, erhielten ihre Eltern die Erlaubnis, dass sich ihre Tochter an der UCLA, der University of California, Los Angeles, für Mathematik inskribiere.

Helena war ein hochgewachsenes Mädchen mit einem länglichen Gesicht, was ihr überall, wo sie auftauchte, Spott eintrug – „you look like a horse" –, aber nur in den ersten Tagen, bald lachte niemand mehr über sie. Sie hatte eine Art, den Menschen in die Augen zu sehen – da erschrak jeder. Man sagte nun: „She looks like a fish." Aber zu ihr sagte das niemand. Man fürchtete sich vor ihr, aber man wusste eigentlich nicht, warum.

Es war die Zeit, als der Kalte Krieg zwischen den USA und der Sowjetunion in Fahrt kam und überall Verschwörungsgeraune zu hören war, zum Beispiel, dass sich die Russen mit Außerirdischen gegen Amerika verbündet hätten oder gleich selbst Außerirdische seien und dass von New York bis San Francisco, von Salt Lake City bis New Orleans, von Florida bis Montana und North Dakota Außerirdische in menschlicher Verkleidung Saisonarbeit leisteten, um eine Invasion der *Extraterrestrischen* vorzubereiten. Am Institut gab es einige, die andeuteten, Helena Krantz sei eine solche. Einen Außerirdischen, tuschelten sie, erkenne man daran, dass sein Geschlecht nicht eindeutig zu bestimmen sei, denn nur auf der Erde werde zwischen männlich und weiblich unterschieden, sonst nirgends im Universum. Woher solche Informationen stammten, blieb ungewiss, aber für Belege interessierte sich ja auch niemand – auch nicht am mathematischen Institut der UCLA.

Helena hätte tatsächlich mit einem jungen Mann verwechselt werden können, und das nicht nur, weil sie sich wie ein solcher kleidete. Sie hatte breite Schultern, kaum Brüste und ein schmales Becken, außerdem war ihre Stimme tiefer als die ihrer Kommilitoninnen. Sie galt als hoffärtig. Alle wussten, sie hätte viel zu sagen, aber sie redete nur wenig – das ist hoffärtig. Sie belegte auch keine Seminare, saß in keinen Vorlesungen, sie traf sich mit den Professoren, alle männlich, um mit ihnen mathematische Fragen zu diskutieren.

Aber auch während dieser Gespräche blieb sie karg, und wenn sie sich zu Wort meldete – wenn sie sich das Wort nahm, müsste es eigentlich heißen –, dann, um ihren Vorredner zu kritisieren, was sie auf unvergleichlich uncharmante Weise konnte. Auch die Professoren fürchteten sich vor ihr. Man sagte, sie sei rechthaberisch, was sie aber nur insofern war, als sie recht hatte, immer.

Mit 19 Jahren schrieb sie ihre Dissertation – *Über das Problem der komplexen Nullstellen der Riemannschen Zeta-Funktion*. Sie habe – diese Kunde verbreitete sich rasend schnell unter der Kollegenschaft nicht nur in den USA – in ihrer Dissertation zwar nicht die Riemannsche Vermutung bewiesen, aber wenn in absehbarer Zeit jemand dies könne, dann gewiss Miss Helena Krantz. (Hundert Jahre zuvor hatte der deutsche Mathematiker Bernhard Riemann Vermutungen angestellt, betreffend das Auftreten der Primzahlen auf dem Zahlenstrahl. Die „absolute Zufälligkeit" der

Primzahlen war und ist bis heute eine der größten Herausforderungen der Mathematik. Dass die „reinste Wissenschaft" in ihrem Kern unberechenbar sei, komme einem beinahe theologischen Skandal gleich. Das mathematische Institut in Cambridge, Massachusetts, hat im Jahr 2000 einen Preis in der Höhe von einer Million Dollar für den mathematischen Beweis der Riemannschen Vermutung ausgelobt – das Geld wartet noch immer darauf, abgeholt zu werden.)

Wenige Monate nach der Veröffentlichung ihrer Dissertation wurde Helena Krantz zu einem Vortrag nach Irland an das Institute for Advanced Studies in Dublin eingeladen. Ohne jede Spur von Nervosität trat sie, die genau genommen immer noch ein Teenager war, vor die bedeutendsten Mathematiker nicht nur Irlands und Englands – ihr Ruf hatte sich in ganz Europa verbreitet – und vertiefte die Aussagen zur Theorie der Primzahlen, die sie in ihrer Dissertation getroffen hatte. Zur Überraschung der Herren – nur Männer saßen im Auditorium – brillierte sie aber nicht nur auf ihrem angestammten Terrain, sondern nahm immer wieder Bezug auf andere Wissensgebiete, so die Physik, was ja durchaus nahelag, aber auch auf die Geschichte Englands, Irlands und Amerikas, vor allem aber erwies sie sich als Kennerin der Literatur.

Man war so begeistert – nicht unbedingt von ihr, auch diesen Herren war die junge Frau unheimlich, aber von ihrem Referat –, dass ihr eine Gastprofessur an der School of Theoretical Physics angeboten wurde. Helena Krantz nahm an. Mit einem schlichten „Yes". Keine weiteren Worte. Kein Dank.

Zu ihrer offiziellen Begrüßung hielt Prof. Liam Costello eine Ansprache, worin er Miss Krantz mit dem Nobelpreisträger Erwin Schrödinger verglich, der 20 Jahre zuvor als Leiter des Instituts gewonnen werden konnte. „Der aber war damals bereits 53 Jahre alt und hatte alles gefunden, was er am Ende seines Lebens gefunden haben wird", sagte er und flatterte dabei mit seinen buschigen Brauen, damit auch jeder im Saal mitkriege, was er meinte. Irland im Allgemeinen, Dublin im Besonderen, konkretisierte er dann doch, seien spezialisiert auf die Hervorbringung von Nobelpreisträgern. Und bekam dafür „Ho, ho!" und Applaus, die freilich Miss Krantz galten.

Und Helena? Sie zeigte auf – wie in der Schule – und trat noch einmal an das Pult, räusperte sich, richtete sich die Krawatte und sagte – die Rede ist aufgezeichnet worden, das Band liegt im Archiv vom Institute for Advanced Studies:

„Wenn Sie schon von Schrödinger sprechen, der ja weniger berühmt ist für seine tatsächlichen Leistungen als für sein Gedankenexperiment mit der Katze, dann dazu Folgendes: Alle Welt weiß, wie gern ihr Iren das Paradox liebt, und ich vermute, der Österreicher Schrödinger wusste das auch, und um sich bei euch einzuschmeicheln, hat er sich dieses paradoxe Gedankenexperiment ausgedacht und nicht, weil er glaubte, damit einen Beitrag zur Quantenphysik zu leisten. Nennen wir das Ding doch beim Namen: Schrödingers Katze ist ein blamabler Unsinn. Blamabel weniger für Schrödinger als für alle, die so tun, als wäre das wer weiß was für eine Sache. Ich liebe auch das Paradox, ich liebe es sogar sehr, aber nicht in der Wissenschaft, dorthinein haben es gewitzte Literaten geschleppt. Und wenn Sie schon von Nobelpreisträgern reden, und dass Irland auf die Hervorbringung solcher spezialisiert sei, dann frage ich: Warum haben Sie genau den Dichter vergessen, der zusammen mit Shakespeare der größte ist und der zugleich die irische Leidenschaft für das Paradoxe wie kein anderer zum Leuchten gebracht hat? Sie wissen, von wem ich spreche."

Dies von einer noch nicht 20-Jährigen! Und freilich – die irischen Kollegen wussten genau, von wem Helena Krantz sprach: von Oscar Wilde. Und sie wussten – wir schreiben das Jahr 1964 –, warum im erzkatholischen Irland, jedenfalls bei offiziellen Anlässen, dieser Name nicht einmal ausgesprochen werden durfte: nämlich, weil Oscar Wilde homosexuell gewesen und für diese Neigung im Gefängnis gesessen war.

Nur ein Jahr lang lehrte Helena Kranz am Institute for Advanced Studies, dann wurde sie fristlos entlassen. Sie war denunziert worden. Sie unterhalte lesbische Beziehungen zu nicht nur einer, sondern gleich zu zwei Sekretärinnen der Universität. Hinterher hatten es alle schon immer gewusst: Warum zieht sich eine Frau an wie ein Mann? Warum schwarze Männerschuhe? Warum eine Krawatte?

Helena Krantz verließ Dublin. Niemand wusste, wohin. Es heißt, ein Dutzend ihrer Kollegen aus allen Teilen der Welt hätten sich zusammengetan und Geld zusammengelegt und eine Detektei beauftragt, sie zu suchen. 14 Jahre später wurde ihre Leiche gefunden. In Schweden. In einem

Hotel. Sie hatte Selbstmord begangen, hatte sich an ihrer Krawatte erhängt. Ihre Lebensgefährtin Mari Mattsson gab an, Helena sei verzweifelt gewesen. Sie habe eingesehen, dass sie inzwischen zu alt sei, um die Riemannsche Vermutung noch beweisen zu können, spätestens mit 30 könne das menschliche Gehirn Mathematik nicht mehr leisten. Das sei der Grund dafür gewesen, warum sie sich das Leben genommen habe. Nur das.

Ich blieb dann doch länger, als ich vorgehabt hatte. Enya Collins führte mich durch das Institute for Advanced Studies, stellte mich einigen Professoren vor und auch ihrem Verleger. Enya ist eine attraktive Frau von etwas über 50. Sie ist verheiratet, ist aber eine Woche bevor ich in Dublin ankam, von zu Hause ausgezogen, weil sie sich mit ihrem Mann gestritten hatte. Ich sagte, bei mir liege der Fall ähnlich. Wir waren uns einig, dass aus uns beiden nichts werden würde und ja auch nichts werden sollte, dass dies aber eine sehr gute Voraussetzung für ein paar gemeinsame Tage in Galway sei, wo ihre Schwester ein Cottage besitze, das sie ihr gern für ein verlängertes erotisches Wochenende zur Verfügung stelle.

Wir machten aus ein paar Tagen einen Monat, wir fuhren in ihrem Aston Martin – der eigentlich ihrem Mann gehörte, aber dem gehörten noch ein halbes Dutzend weitere Wagen – auf der Insel herum, kreuz und quer, von Galway nach Cork und hinauf nach Belfast, weiter nach Coleraine und wieder zurück nach Dublin, wo sie mir das Geburtshaus von Oscar Wilde zeigte, auf den immer noch zu wenige Iren stolz seien. Ich hatte Sehnsucht nach zu Hause, ich vermisste meine Frau.

Wir kamen zur gleichen Zeit an. Ich habe es gern, wenn wir uns umarmen. Wo sie gewesen sei, fragte ich.

„Ich erzähle es dir irgendwann", sagte sie, „wenn es keine Rolle mehr spielt, ob du mir glaubst oder nicht."

Am Tag ihres ersten Konzerts in Österreich, am 17. September 1965, nützten die Rolling Stones das schöne Wetter zu einem Spaziergang durch die Wiener Innenstadt. Um nicht erkannt zu werden, gingen die Mitglieder der Band einzeln und in seriöser Kleidung. Mick Jagger kaufte sich am Kohlmarkt eine Seidenkrawatte und band sie sich an Ort und Stelle noch um.

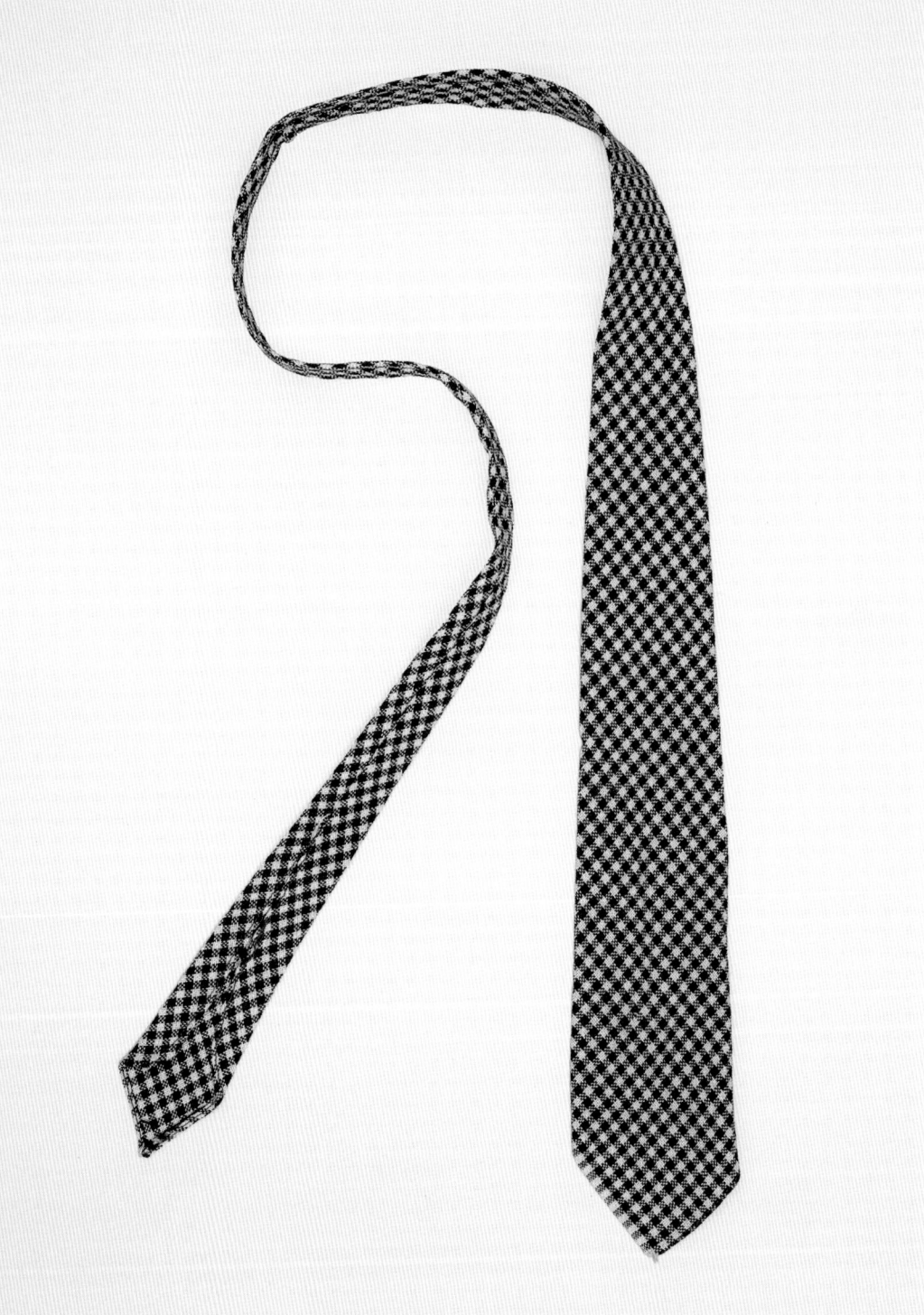

12

Der kleine General

Im achten Monat hatte sie einen Tagtraum. Sie lag auf dem Rücken, die Beine breit, die Knie angehoben, eine Musikkapelle ertönte, und aus ihrer Scheide heraus marschierte ihr Sohn, kaum größer, als ihr Unterarm lang war. Er war gekleidet wie ein General. Dunkelblaue Uniform, dunkelgraues Hemd, dunkelblaue Krawatte mit Lasso schwingendem Cowboy. Da hatte sie sich im Halbschlaf gedacht: Der wird etwas Großes. Ich muss ihn gebührend empfangen.

Als das Baby kam, war sie verzaubert, war nicht mehr die, die sie einmal gewesen war, die lebhafte Umtreiberin, die Schulschwänzerin, die Partyüberraschung. Sie war zu einem Bild geworden, einer Art Madonna mit Kind. Das Baby, eingewickelt in ihren Schal an ihrem schmalen Körper, ganz und gar eins, die zwei. Ihr Mann wollte nicht von ihrer Seite weichen, er wollte mit auf dem Gemälde sein. Wenn er zur Arbeit ging, atmete die junge Frau tief durch und legte das Baby vor sich auf den Küchentisch. Sie hielt ihm einen Spiegel vor das Gesichtchen, was nichts bewirkte, das Kindchen erkannte sich selbst nicht. Ob das schlimm war?

„Du bist ein General", sagte sie mit ihrer leisen Stimme, die in ihrem Leben nicht mehr lauter werden würde.

Sie legte das Kind auf das Bärenfell, das künstliche, günstige, ging auf den Balkon und rauchte eine *Parisienne*. Sie hatte gerade noch zwei Stück, das könnte zum Problem werden. Noch hatten sie keinen Kinderwagen. Sie könnte das Baby in die Decke einwickeln und einen Automaten suchen. Sie nahm ihr Handy und spielte die Musik, die ihr Mann nicht mochte. Sie spielte sie laut und drehte sich mit dem Baby von der Küche ins Wohnzimmer und wieder zurück.

Sie sang: „Du bist mein General-neral, mein kleiner General-neral, ich hab dich furchtbar lieb-ja-lieb, so furchtbar, furchtbar lieb-ja-lieb."

Die Wohnung hatten sie erst bezogen, und überall standen unausgepackte Kartons herum. Mit dem Baby auf dem Arm fischte sie Kleidungsstücke aus verschiedenen Schachteln. Was davon ihr gehörte, legte sie aufs Bett, die Sachen ihres Mannes stopfte sie wieder zurück. Sie zog sich das große Spiderman-T-Shirt aus, legte das Baby auf die Matratze und probierte nacheinander ihre Kleidungsstücke. Ihr Busen war gefüllt mit Muttermilch, und so waren alle Oberteile zu eng. Aus einer Brust tropfte Milch, sie legte ihr Baby an, und es saugte, schlief und saugte. Es war ein zufriedenes Baby. Die Jeans, die sie probierte, waren ihr ebenfalls zu eng, sie hatte noch einen Bauch.

Sie stellte sich vor den Spiegel und sagte: „O mein Gott, ich habe ja einen Bauch. Den kriege ich nie mehr weg!"

Sie ließ sich auf die Matratze fallen und schlief neben dem Baby ein.

Ihr Mann kam früher nach Hause, er hatte eine Nachtschicht angenommen, sodass er am Tag zu Hause bei seiner Familie sein konnte. Er sah die verstreuten Kleidungsstücke, hob sie auf. Die Frau tat, als schliefe sie. Er wollte sie nicht wecken. Er war ihr nicht böse, das würde er nie sein. Er hatte eingekauft und verstaute die Lebensmittel. Bald roch es nach Knoblauch. Die junge Frau vergrub ihr Gesicht im nackten Kissen. Es hatte noch keinen Überzug.

Ins Ohr ihres kleinen Generals flüsterte sie: „Wenn er wüsste, wie ich diesen Geruch hasse!"

Das Baby weinte leise, dann laut, der Mann kam und nahm es auf seinen Arm. Mit der einen Hand tätschelte er das Köpfchen, mit der anderen rührte er im Topf. Er liebte seine Frau mehr als alles, sie war sein Mädchen und von großer Schönheit. Er wollte ihr viele Schmuckstücke kaufen und dann Fotos von ihr machen. Von ihr und von seinem Sohn, dem Furchtlosen. Er würde die Fotos seiner Familie schicken.

Ihr Mann musste für vier Tage auf einen Lehrgang. Ob er sie allein lassen könne? Aber ja. Er füllte den Kühlschank auf und kochte vor. Ob er doch lieber absagen solle? Aber nein.

Als er zur Tür draußen war, goss sie das Vorgekochte ins Klo. Dann nahm sie den guten Anzug ihres Mannes aus dem Kasten, den dunkelblauen, dann sein liebstes Hemd, das dunkelgraue, und seine einzige Krawatte, leider keine dunkelblaue, so eine besaß er nicht, es war eine irgendwie karierte. Sie hatte in der Schule nähen gelernt, besonders gut war sie nicht gewesen, aber es ging. Sie nahm Maß an den Beinchen und am Bauch ihres Babys, zerschnitt den Anzug, nähte ein Generalshöschen und ein Generalsjäckchen aus dem Stoff, zerkrümelte goldenes Schokoladepapier zu Kügelchen, aus denen sie goldene Knöpfe formte, auch das Hemd ihres Mannes zerschnitt sie und nähte daraus ein Generalshemdchen. Die Krawatte aber teilte sie mit der Schere der Länge nach in zwei schmale Streifen, die vernähte sie. Sie wünschte sich nämlich ein zweites Kind, wieder einen Sohn. Ein Krawättchen läge dann bereit.

13

Der Traum der Analytikerin

„Nein", antwortete Frau Prof. Dr. Birgit Kramer auf die Frage eines Seminarteilnehmers, „wenn Psychoanalytiker träumen, dann sollte man das Ergebnis nicht allzu ernst nehmen."

Das war am Dienstag, den 1. März 2022. Vor wenigen Tagen hatte Präsident Wladimir Putin den russischen Truppen Befehl gegeben, die Ukraine anzugreifen.

Frau Dr. Kramer fuhr fort: „Wir alle haben eine Instanz in uns, die den Träumen Inhalt gibt und sie steuert. Wir sind gewohnt, diese Instanz als eine Art Orakel zu sehen, wie das Orakel von Delphi in der Antike. Es sprach in Rätseln, in Metaphern, in Bildern, die interpretiert werden mussten; aber das Orakel sagte immer die Wahrheit. Wir denken, unsere innere Instanz spricht ebenfalls in Rätseln, Metaphern und Bildern, dies nun nicht mehr aus dem Mund der Pythia, der Priesterin in Delphi, die wahrscheinlich unter Drogeneinfluss stand, sondern als Traum. Aber wieder sind wir uns sicher, die Träume sagen die Wahrheit. Seit Sigmund Freund glauben wir das. Über-Ich und Es sind ehrlich, lügen kann nur das dazwischen sich mühende Ich. Diese Konstruktion mag ja stimmen, wie eben ein Modell stimmt. Bei professionellen Traumdeutern aber stimmt es nicht. Die innere Instanz des Psychoanalytikers sagt nicht die Wahrheit, sie lügt. Immer. Wenn ich den Traum eines Patienten analysiere, frage ich: Was hat dieser Traum zu bedeuten? Wofür stehen seine Bilder? Welche reale Person verbirgt sich hinter einer Person aus dem Traum? Beim Traum des Analytikers müssen wir gefasst sein, dass die Instanz in ihrer Botschaft genau das Gegenteil von dem sagen will, was der Analytiker herausliest. Oder schlimmer: dass der Traum gar nichts sagen will, dass er gar nichts bedeutet. Als wären Über-Ich und Es gefesselt und geknebelt. Was dann?"

Frau Prof. Kramer wurde gefragt, ob sie einen solchen Traum, der gar nichts bedeutete, denn schon einmal gehabt habe.

„O ja", antwortete sie. „In der Nacht von gestern auf heute zum Beispiel hatte ich einen solchen Traum. Ich will Ihnen diesen Traum erzählen und bitte Sie, ihn für mich zu interpretieren. Tun Sie so, als hätte nicht ich, die Psychoanalytikerin, diesen Traum geträumt, sondern Sie. Vielleicht können wir die Instanz in mir, die lügt, überlisten, indem ich Ihnen, meine Damen und Herren, meinen Traum zur Verfügung stelle. Ich tue so, als hätte ich mit dem Traum nichts zu tun. Ich erzähle ihn nur nach. Ich werde mich an der Deutung nicht beteiligen."

Während des Folgenden stand Frau Prof. Dr. Birgit Kramer mit dem Rücken zu den Seminarteilnehmern.

„Ich war in einem Zirkus, eine große Veranstaltung war angekündigt. Der Direktor trat in die Manege und pries die Einmaligkeit, die gleich zu sehen sein würde. Er trug eine Reithose und hohe Stiefel, eine prunkvolle Husarenjacke und einen hohen Husarenhut und knallte mit der Peitsche. Im Zirkuszelt aber saß nur ich. Alle Sitze um mich herum waren leer. Dann wurde die Einmaligkeit hereingetragen. Es war eine Schachtel aus Pappe, einen Meter hoch, einen halben breit. Sie wurde geöffnet und heraustrat Wladimir Putin. Er war so groß wie ein dreijähriges Kind. Sein Gesicht aber war das Gesicht, das wir alle kennen, aufgedunsen, leer, glatt. Er stellte sich mitten in die Manege und sah mich an. Er trug einen Anzug und eine Krawatte, die ihm bis über die Knie reichte. Er rührte mich, und ich rief ihm zu: Du armer Kerl, komm in meine Arme! Er antwortete nicht, sah mich nur weiter an. Dann wurde eine zweite Schachtel hereingetragen und geöffnet. Darin war meine Tochter, auch sie klein wie ein Kind, aber so alt im Gesicht, wie sie eben ist. Sie stellte sich neben Wladimir Putin, und beide sahen mich an. Auf dem Sitz neben mir stand ein Korb, darin waren ein Gugelhupf und eine Flasche Rotwein. Ich stellte die Sachen auf den Boden und ging mit dem leeren Korb an der Hand zur Manege. Erst legte ich den stummen bleichen Putin hinein, dann neben ihn meine Tochter. Die Krawatte war inzwischen gewachsen, ich musste sie mehrfach zusammenlegen, damit sie nicht aus dem Korb fiel und hinterherschleifte. Ich sah den Zirkusdirektor, er nickte zufrieden, und ich hörte Applaus. Alle Sitzplätze in dem großen Zelt waren besetzt. Die Menschen erhoben sich und klatschten. Währenddessen wuchs die Krawatte, sie schlängelte sich durch die Sitzreihen. Die Menschen drängten sich, sie zu berühren. Im Korb gaben sich Putin und meine Tochter die Händchen. – Das ist alles."

Lange war es still in dem Seminarraum. Endlich zeigte eine Studentin auf.

„Am meisten interessiert mich die Tochter", sagte sie. „Wen meint die innere Distanz damit? Doch wohl nicht die Tochter."

„Ich glaube, der Schlüssel liegt im Korb", sprach einer. „Gugelhupf und Wein. Rotkäppchen, meine ich."

Gelächter.

Ein anderer: „Interessant ist die genaue Beschreibung der Kleidung des Zirkusdirektors."

„Wie sieht ein Husarenhut aus?"

„Und wie eine Husarenjacke?"

„Einmal ist kein Publikum da, dann sind die Ränge voll. Hat das etwas zu bedeuten?"

„Alles hat etwas zu bedeuten!"

„Nein, nein!", hörte man eine Frauenstimme. „Der ganze Traum ist um die wachsende Krawatte herumgebaut! Es ist doch klar …"

Ein Student unterbrach sie: „Frau Professor Kramer, ich weiß, Sie wollen aus didaktischen Gründen nicht in Beziehung zu dem Traum gebracht werden. Aber wenn ich so frei sein darf: Ich vermute, nicht Ihre Instanz belügt Sie, sondern Sie belügen uns."

Frau Kramer antwortete nicht.

„Die wachsende Krawatte", rief ein Student heraus, „die ist doch wohl eindeutig!"

„Verstehe ich nicht", sagte eine Studentin.

Viele lachten.

„Nein", sagte eine andere Studentin, „es gibt keinen Grund, die Kommilitonin auszulachen. Im Gegenteil. Ihr meint, die Krawatte stehe für einen Penis, der in Erregung gerät. Das ist die Falle, in die uns die Instanz lockt. Das sollen wir denken, genau das! Ich aber meine: Die Krawatte steht für die politische Gier des russischen Präsidenten. Der Traum verarbeitet einen Tagesrest. Das scheint mir ziemlich klar."

„Ein Warntraum?"

„Ein prophetischer Traum!"

Ein Student mit einer rauen Stimme meldete sich: „Scheinbar", rief er, „nur scheinbar, alles nur scheinbar! Bitte, gebt mir eine halbe Minute! Ich bin heiser und kann nicht laut reden. Bitte. Danke. Klar ist gar nichts. In Wahrheit geht es nicht um Politik in dem Traum, sondern um Privates. In Träumen geht es immer um Privates. Je schmerzhafter das Private ist, desto politischer gibt es sich. Oder historisch. Ich träumte einmal, ich sei in Rom zur Zeit von Nero. Mein Analytiker bewies mir, dass Nero für meinen Vater steht. Mit dem realen römischen Kaiser hatte dieser Nero nichts zu tun. Hätte die Träumerin – ich nenne nicht ihren Namen, wir sollen ja so tun, als gäbe es Frau Professor Kramer nicht – den Traum zu Ende geträumt, die Krawatte hätte wahrscheinlich ihre Tochter erwürgt. Ich hatte in meinem Traum ein Attentat auf Kaiser Nero verübt. Die Krawatte ist nichts anderes als die Hand der Träumenden. Der Arm und die Hand. Die Hand, die sich anschickt zu töten. Nie könnte das eine Mutter zugeben. Der Traum macht aus der würgenden Hand eine Krawatte. Die Träumende schiebt sozusagen die Schuld von sich. Töten? Wer tötet? Es tötet doch niemand. Und wenn einer tötet, dann sicher nicht ich. Die Krawatte soll suggerieren, wenn einer tötet, dann ein Mann. Wir rechnen eine Krawatte eher einem Mann zu als einer Frau. Ich habe gelesen, weiß jetzt aber nicht mehr wo, dass Träume oft und sozusagen absichtlich abbrechen und ihre Geschichte nicht zu Ende erzählen, damit der Träumende dies selbst tut, wenn er erst wach ist."

„Das ist ja entsetzlich", hörte man jemanden sagen.

„Der Mensch ist entsetzlich", ein anderer.

Eine Frauenstimme: „Aber wir müssen den Menschen dennoch lieb haben."

„Nein, müssen wir nicht."

„Doch müssen wir."

„Die Schlinge zieht sich zusammen."

„Welche Schlinge denn?"

„Was redest du da!"

„Ich? Ich habe gar nichts gesagt."

„Kann jemand das Licht anmachen?"

„Wenn die Krawatte tatsächlich für eine Mordhand steht, dann ... dann ... dann ..."

Einer fragte: „Hatte das Attentat auf Nero Erfolg? Ist er krepiert? Wie hast du es gemacht? Ich denke mir, du warst im Traum zwar im alten Rom, hast aber eine moderne Waffe bei dir gehabt."

Ein anderer rief dazwischen: „Eine Kalaschnikow."

Ein dritter: „Besser wäre eine Uzi."

„Was ist das?"

„Tu nicht so! Das weißt du genau!"

Wieder war es lange still im Seminarraum.

„Ich stelle mir den kleinen Wladimir vor, wie er mit der Krawatte bis hinunter zu den Knien dasteht, und er rührt mich auch", sagte schließlich eine Studentin, die bisher noch nichts gesagt hatte. „Ja, er rührt mich. Ich hätte ihn auch in den Korb gelegt. Aber vorher hätte ich ihm die Krawatte abgenommen. Das hätte ich."

Dann begannen alle erst zu summen, dann zu singen, ohne dass einer den Einsatz gegeben hätte:

Der Wladimir, der Wladimir
der ist ein armer Bengel.
Und niemals, niemals, niemals nie,
nie wird aus ihm ein Engel.

Die Studenten hatten gar nicht bemerkt, dass Frau Dr. Kramer den Raum verlassen hatte. Wann? Schon vor langer Zeit.

14

Warten Sie!

„Warten Sie!"

Der junge Mann stand mitten auf der Straße und breitete die Arme aus, als würde er sie auffangen wollen, sie aber ging an ihm vorüber.

Sie kannten sich vom Sehen, hatten Worte miteinander gewechselt, mehr nicht. Sie war nämlich vergeben an einen vernünftigen Menschen, von dem sie glaubte, sie liebe ihn. Er lebte mit Büchern, und oft las er ihr vor. Er dachte, sie weiß nichts, und durch mich wird sie klüger. Sie wusste selbst, dass sie ungebildet war.

Gerade ging sie abwärts in die Stadt und sagte sich, ich gehe abwärts auch im übertragenen Sinn, dabei sollte ich hinaufsteigen. Sie war 20 und zweifelte. Sollte sie heiraten wie vereinbart? Wäre dies das Ende vom Lied? Der junge Mann eben, er gefiel ihr, nur hatte sie es sich nicht gestattet, auf ihn zuzugehen, wegen ihres Bräutigams. Der hieß Hans. Noch ist er nicht mein Bräutigam, noch kann ich es abwenden. Manchmal glaubte sie, nicht mehr richtig im Kopf zu sei. Weil sie überlegen musste, zwar nur eine halbe Sekunde lang, aber doch, wie er hieß. Bei so einem kurzen Namen! Hans! Ich will gar nicht gescheit werden. Ein Stöckel ihres Schuhs verfing sich in den Pflastersteinen. Sie fiel auf die Knie. Hoffentlich hat mich keiner gesehen! Wie peinlich, hätte mich einer gesehen! Gesehen hatte sie der junge Mann, der hinter ihr hergegangen war. Er war es auch, der ihr die Hand zum Aufstehen reichte. Wenn das kein Zeichen war!

Am Abend klingelte Hans und holte sie fürs Theater ab, schön angezogen hatte er sich. Wahrscheinlich für mich. Sie war so zerstreut, sie hätte nicht nacherzählen können, wovon das Stück handelte.

„Du bist so nervös", sagte Hans.

„Das Gegenteil", sagte sie.

„Oder das Gegenteil", sagte er.

„Was ist das Gegenteil von nervös?", fragte sie.

„Das weiß ich nicht", sagte er.

Da nahm sie sein Gesicht in ihre Hände, wie man es bei einem Kind tut, und sagte: „Mein Lieber, ich kann nicht!"

„Was kannst du nicht?"

„Dich heiraten."

Das war zu viel für ihn, er ließ sie stehen und eilte davon. Stolz wie er war, meldete er sich nicht mehr bei ihr, wartete aber ungeduldig auf eine Geste.

Sie tat, was sie nie getan hatte, und schrieb ihm einen Brief. Das Schreiben fiel ihr schwer, es klang ungelenk, aber auf einmal war ihr, als liefe der Kuli von allein über das Papier, und sie wunderte sich, was herauskam dabei. Sie hatte die Schrift einer Schülerin, und als Hans den Brief las, dachte er sich, sie ist nicht die Richtige, sie ist eindeutig zu einfältig für mich. Warum fällt mir das erst jetzt auf? Aber er weinte.

Da stand: „Lieber Hans, ich muss etwas sagen, das wahr ist, aber wehtun könnte, nämlich dir. Ich muss so anfangen: Ich kann deine Krawatte, die du im Theater umgebunden gehabt hast um deinen Hals unter dem Kragen, ganz genau beschreiben. Von dem Theaterstück dagegen weiß ich nur, dass es in einem Zimmer gespielt und draußen angeblich geregnet hat, weil die Leute darüber gesprochen haben, dass es draußen regnet. Man hat es auch plätschern gehört, künstlich. Aber immerhin kann ich mich ein bisschen an das Theater erinnern. Auf deiner Krawatte ist Folgendes zu sehen, bitte vergleiche, ob ich recht habe: ein Strand. Immer hätte ich mir gewünscht, an einem solchen Strand zu sein. Ich war erst einmal am Meer, in Italien, da war ich noch ein Kind, das war, bevor sich meine Mutter hat scheiden lassen. Ich war noch klein und kann mich nur erinnern, dass ich auf einen Seeigel getreten bin, nein, es war nicht in Italien. Ich weiß nicht, warum ich auf Italien komme. Wahrscheinlich, weil mich deine Krawatte an Italien erinnert hat. Das kann aber auch nicht sein, denn, soviel ich weiß, gibt es in Italien gar keine Palmen. Oder schon? Es war in Kroatien. Da bin ich auf einen Seeigel gestiegen, und jemand hat mir die Stacheln herausgezogen. Wer das war, weiß ich aber nicht. Ich glaube nicht, jemand von meinen Eltern war es. Eigentlich ist der Strand nicht das Wichtigste auf deiner Krawatte. Das Wichtigste ist die Palme. Die wächst aus hohem Gras heraus, ein bisschen schräg in den Himmel, fast auf allen Bildern, wo man Palmen am Stand sieht, wachsen sie schräg, und dann kann man noch Berge hinten sehen. Habe ich recht? Bitte, schau nach auf deiner Krawatte. Und eine Sonne ist da. Darüber rede ich nicht gern, und ich denke auch nicht gern daran. Die Sonne ist nämlich schwarz. Bitte, schau nach! Ich könnte heulen. Wegen der schwarzen Sonne. Aber eben nicht nur. Stell dir vor, Hans, jetzt haben wir zwei uns ein paar wenige Tage nicht gesehen, gerade ein paar Tage, und ich kann mich genau an deine Krawatte erinnern, aber an dein Gesicht kann ich mich nicht erinnern, obwohl ich es tausendmal gesehen habe. Sicher kannst du dich an mein Gesicht erinnern. Und manchmal muss ich sogar nachdenken, wie du heißt. Das musst du sicher nicht bei meinem Namen. Das ist keine gute Grundlage für eine Ehe, wenn ein Teil nachdenken muss, wie der andere Teil aussieht oder wie er heißt. Weine bitte nicht wegen mir! Noch nie in meinem ganzen Leben habe ich einen so langen Brief geschrieben. Immerhin. Also weine nicht."

Wie gesagt, Hans weinte doch.

Wochen später, nach Tagen voller Scham, entschloss sie sich, Hans aufzusuchen. Das musste sein wegen des Anstandes.

Auf dem Weg dahin begegnete ihr wieder der junge Mann – wieder ein Wink des Schicksals, dachte sie sich – und ging, auf seine Bitte hin, mit in sein Zimmer. Ein Kätzchen schlief auf seinem Bett, und er sagte: „Wenn du willst, schenke ich es dir."

Sie sah sich um, und was sie sah, gefiel ihr. Ein Zimmer mit Musik aus dem CD-Player und keine Bücher. Von Büchern hatte sie genug. Sie erinnerten sie daran, wie wenig sie wusste. Und dass sie eine schwarze Sonne gesehen hatte – auch wenn es nur auf einer Krawatte war, aber die Krawatte hatte ein Büchermensch getragen. Sie vermutete, dass eine schwarze Sonne ein schlechtes Zeichen sei. Warum muss gerade ich eine schwarze Sonne sehen! Aber das war nun vorbei.

„Mein Warten hat ein Ende", sagte sie zu dem jungen Mann und hoffte, dass es stimmt.

Der junge Mann aber nahm das Kätzchen, drückte seine Wange auf das Fell und sang:

Mein Warten hat ein Ende,
der Rabe zieht dahin.
Komm, gib mir deine Hände,
wir wollen mit ihm ziehn.

Wir fliegen über Felder
und übern Ozean,
durch tiefe, dunkle Wälder
und kommen endlich an.

Dort gibt es weiße Strände
und Palmen schräg und grün.
Komm, gib mir deine Hände,
wir wollen dorthin ziehn.

Dort scheint die Sonne gelber,
als hier, wo wir jetzt sind.
Wir sind die Sonne selber,
das Meer und auch der Wind.

15

Ein großes F

„Nach der Matura fuhren mein Sohn und seine Freundin, die Elli, mit dem Rail-Ticket, oder wie das damals geheißen hat, von einer Stadt in die andere, quer durch Europa, Amsterdam, Paris, Berlin, Lissabon. Er redet nicht darüber, und fange ich damit an, verbietet er mir den Mund. Es ist, als stünde er immer noch unter Schock. Nach diesen Jahren! Es sind ja schon 20! Ich muss aber manchmal damit anfangen. Sie hatten kaum Geld bei sich, sie dachten, wenn es ausgeht, das Geld, dann suchen wir uns halt einen Job. Er hat gesagt, wo Lastwagen herumstehen, gibt es etwas zu tun, und in den Städten stehen immer irgendwo Lastwagen herum. Es ging alles gut, bis sie in Marseille ankamen. Dort war ihnen dann wirklich das Geld ausgegangen, und sie fanden auch keine Arbeit, obwohl ja gerade in einer Hafenstadt jede Menge Lastwagen herumstehen. Zum Konsulat wollten sie nicht, man hätte sie nach Hause geschickt, die rücken kein Geld heraus, sagt er, die geben Gutscheine oder so etwas und dazu immer gute Ratschläge, da würde er sogar dafür bezahlen, wenn man sich die nicht anhören muss. Also lungerten sie in den Parks herum und aßen, was man ihnen gab. Im Süden gibt man eher etwas zu essen als Geld, ich finde das eigentlich nobel. Man lädt einen Bettler ein. Nicht gleich nach Hause, aber immerhin auf eine Wurstsemmel oder so. Sie setzten sich zu den jungen Leuten in die Wiese und sangen mit ihnen mit und aßen mit ihnen mit. Keiner fragte. Als das Wetter übel wurde, was im Süden sehr schnell gehen kann, nass und kalt sogar, lud sie ein Mann, den sie am Hafen kennengelernt hatten, auf eine Nacht unter einem Dach ein. Eine Arbeit habe er leider nicht für sie, sagte er, aber sein Onkel, ein Geschäftsmann, habe ein Depot, dort könnten sie schlafen, dort sei es auf alle Fälle trocken. Kein Zweifel, er hatte es auf Ellis Erdbeermund und ihre runden Brüste abgesehen, das sei schon klar gewesen. Aber auf die zwei Dinge hatten es alle abgesehen. Sie selber sagte das. Sie selber sagte, sie habe einen Erdbeermund. So ganz genau kann ich mir nicht vorstellen, was das heißen soll. Muss ich auch nicht. Das Depot war vollgestellt mit Regalen und Kisten, in denen Stoffe und Kleider lagen, Anzüge, Handschuhe, Krawatten – eben, was ein vornehmer Mensch braucht. Es war edle Ware. Mein Sohn und Elli waren entspannt und machten es sich auf dem Boden gemütlich. Elli schlief auf einem Pelzmantel und deckte sich mit einem Pelzmantel zu. Das Wetter blieb leider schlecht, und so wurde ihnen erlaubt, noch eine Weile zu bleiben. Auch etwas zu essen hat der Mann gebracht. Allerdings nur, wenn Elli mit ihm eine kurze Runde drehe. So hatte der Mann sich ausgedrückt. Beide wussten, was er meinte, mein Sohn und Elli. Elli zwinkerte meinem Sohn zu, und der nickte. Ich weiß nicht, was in ihn gefahren war. Elli ging mit dem Mann eine Stunde weg, und danach wurde ihnen erlaubt, noch eine längere Zeit im Depot zu übernachten. Sie blieben auch am Tag dort. Elli räumte die Kisten aus, probierte Kleider an, einen Männeranzug und um den Hals eine Seidenkrawatte. Mein Sohn las und schrieb. Er hatte zwei Bücher auf die Reise mitgenommen. Die hatte er nach der Größe der Buchstaben ausgesucht. Es sollten kleine Buchstaben sein, damit er auf wenig Platz viel zum Lesen hat. Das ist typisch für ihn. Das hat doch auch etwas Liebenswürdiges, oder? Eine Mutter erzählt so etwas gern. Und geschrieben hat er damals. Das war seine größte Freude gewesen. Heute tut er das nicht mehr. Ich erzähle es ihm manchmal. Ja, ich erzähle ihm, was er irgendwann gemacht hat und was er irgendwann aus seinem Leben machen wollte. Weil ich weiß, dass es ihn damals glücklich gemacht hat. Und ich will, dass er wieder glücklich ist. Das hat er aber nicht gern. Überhaupt nicht. Ich glaube, es erinnert ihn an diese Geschichte. Er schrieb alles auf, ohne Übertreibung, alles. Alles, was er sah und hörte, schrieb er auf. Ich habe diese Hefte gesehen, ein Stapel. Winzige Schrift. Damit viel hineinpasst. Ganz spitzer Bleistift. Er nahm sie mir weg. Ob er sie vernichtet hat, weiß ich nicht. Einmal am Tag gingen sie ins Freie und stellten sich an einen Kiosk oder wie man dort unten sagt, nicht Kiosk, eher Wurststand oder so. Es gab immer einen, der sie auf eine Suppe oder ein Sandwich einlud. Wenn Elli fragte, sowieso.

Eines Nachts hörten sie Lärm, die Tür wurde aufgebrochen, und Männer in Masken warfen die beiden in einen Kofferraum. Sie lagen eng aneinandergeschmiegt und hörten das Poltern. Die Männer räumen das Lager aus, sagte mein Sohn. Die klauen alles. Der Lastwagen fuhr weg. Und dann fuhr auch der Wagen weg, in dem sie im Kofferraum lagen. Lange Zeit fuhren sie. Dann hielt er an, und ein Mann drückte ihnen ein Tuch ins Gesicht, sodass sie betäubt waren. Mein Sohn lag in einer leeren, großen Kiste. Es war ein Morgen, kein Mensch weit und breit. Er kletterte aus der Kiste und rief nach Elli, fand sie aber nicht. Die Sonne erhob sich blutrot, furchtbar rot über den leeren Kisten, die an einer Mauer standen. In jede schaute er, weil er dachte, da wird seine Elli sein. Er fand sie nicht und fand sie nie. Nie mehr. Nachforschungen blieben erfolglos.

Das alles ist 20 Jahre her, und mein Sohn hat sich nie von diesem Schrecken erholt. Er liebt die Welt nicht mehr. Die Gesellschaft widert ihn an. Jeder Mensch widert ihn an."

Ob er denn nicht zur Polizei gegangen sei?

„Doch, ist er. Sie haben sich aber nicht angestrengt, die Polizisten. Ob er die Männer beschreiben könne, haben sie gefragt. Konnte er nicht. Nicht wirklich. Es ging ja alles so schnell. Einer hatte eine Krawatte getragen, der Hemdkragen offen. Daran erinnerte er sich. Er erinnerte sich daran, weil er den Mann an der Krawatte gepackt hatte, als er sich wehren wollte. Das war, als man sie aus dem Kofferraum herauszerrte. Das war, bevor man sie betäubte. Er dachte, wenn ich ihn erwürge, kommen wir frei. Ein großes F war auf der Krawatte. Der Polizist sagte: Aha, ein großes F. Mehr sagte er nicht."

Ob er nicht zur Botschaft gegangen sei?

„Diesmal ja. Und dort hat er das Gleiche erzählt. Und der Botschafter oder sein Sekretär, wahrscheinlich eher der Sekretär, der sagte: Aha, ein großes F."

Nachdem Hannes Schneider, der österreichische Skipionier, vor den Nationalsozialisten in die USA geflohen war, baute er 1939 in New Hampshire eine Skischule auf. In wenigen Jahren wurde der alpine Wintersport im Osten der Vereinigten Staaten zu einer Modeerscheinung. Krawatten mit entsprechenden Motiven wurden hergestellt und gern verkauft – sogar in Gegenden, wo es nie schneite, zum Beispiel in Südkalifornien.

In seiner Weihnachtsansprache am 24. Dezember 1961 versicherte der deutsche Bundeskanzler Konrad Adenauer, die BRD werde unverbrüchlich zum Westen stehen. Kommentatoren zeigten sich hinterher verwundert, dass in der Rede Amerika nicht, Frankreich jedoch sehr wohl genannt worden war, fünfmal sogar. Das Gerücht ging um, Adenauer und seine Frau seien von Charles de Gaulle zum Weihnachtsfest nach Colombey-les-Deux-Églises auf dessen Landsitz eingeladen. Beide Männer galten als humorlos – de Gaulle immerhin – allerdings nur in seiner Freizeit – habe es geliebt, sich bei der Auswahl seiner Krawatten ein Späßchen zu erlauben.

16

Aller Augen warten auf dich

„Bitte, nicht auf mich, nicht auf mich, o Herr, ich bin noch nicht fertig!"

Der kleine Mann stand auf einem Stuhl, der wackelte. Er stieg wieder herab, faltete ein Stück Papier und legte es unter das kürzere Stuhlbein. Er stellte sich wieder auf den Stuhl, reckte die Arme in die Höhe. Da fiel ihm ein, dass er die Glühbirne vergessen hatte. Also bewegte er sich wieder nach unten, nahm die Glühbirne aus der Schachtel, stieg wieder auf den Stuhl, reckte erneut die Arme in die Höhe und tastete mit der rechten Hand nach der leeren Fassung, versuchte zitternd, die Glühbirne einzuschrauben. Gleich gelang es ihm nicht. Er drehte, rutschte ab und drehte erneut. Dann kam er wieder auf dem Boden zu stehen und betätigte den Lichtschalter. Es leuchtete. Es leuchtete! Der kleine Mann stieß einen tiefen Seufzer aus und hielt sich an der Stuhllehne fest.

Also dann. Er konnte mit der Aufgabe beginnen, die ihm aufgetragen worden war. Als Probe sozusagen. Würde er sie bestehen, könnte er Arbeit gefunden haben. Endlich. Es war nämlich mühsam für den kleinen Mann, Arbeit zu finden.

Ihm war aufgetragen worden, sämtliche Glühbirnen nach der Stärke zu ordnen. Es gab viele Stärken verschiedenster Art, die musste er aussuchen und zuordnen. Wie sollte er anfangen? Womit? Und warum das Ganze? Er leerte eine Schachtel aus, verpackte Glühbirnen landeten auf dem Sofa. So viele. Die zweite Schachtel leerte er aus. Nein. So ging das nicht. Er würde keinen Lohn bekommen. Er würde die Prüfung nicht bestanden haben.

„Herr, du hast auf mich geschlagen, zieh mich jetzt aus dem Dreck!"

Wo aber sollte der Herr ihn fassen? Am Kopf? Der Herr hatte sicher starke Arme und Hände. Es bestünde Gefahr, dass er ihm den Kopf abreißt.

Für die Schultern galt das Gleiche.

„Herr, lass dir etwas einfallen!"

Damit meinte er: Lass mir etwas einfallen.

„Wenn du mich behandelst, wie ich die Glühbirne behandelt habe, Herr."

Zart also.

Der Herr ist nicht zart. Der Herr braucht etwas zum richtig Anfassen.

„Herr, wie wäre es mit der Krawatte? Pack mich an der Krawatte, und hol mich aus dem Dreck!"

Der kleine Mann dachte sich das so: Während der Herr an der Krawatte zieht, halte ich einfach die Luft an. Es wird einen Augenblick wehtun, und ich werde Angst haben zu ersticken, aber das geht vorüber. Der Herr ist geschickt, und es liegt ihm nichts daran, mich zu erwürgen. Wenn ihm daran läge, wäre er längst schon selber darauf gekommen.

So sehr hatte der kleine Mann gehofft, als Glühbirnensortierer angestellt zu werden! Überhaupt – ein Angestellter! War das nicht immer sein Traum gewesen? Er dachte sich das so: Man steht nicht, nein, man ist gestellt worden. Das ist doch viel besser. Wenn du dich selber irgendwohin stellst, kann es leicht sein, ist es sogar wahrscheinlich, dass du dich an eine falsche Stelle gestellt hast. Wie kannst du wissen, welche Stelle die richtige ist? Aber wenn du gestellt wirst, dann wirst du von oben gestellt, und die oben wissen, wo dein Platz ist. Und was bedeutet das „An"? „An"gestellter. Du wirst an etwas drangestellt. Aber an was? An einen Vordermann? Es ist aber kein Vordermann da. Der kleine Mann glaubte, er wisse, an was er drangestellt würde, wenn er angestellt würde. An eine Aufgabe. Seine Aufgabe war es, Glühbirnen nach ihrer Stärke zu ordnen. Aber warum sollte er das tun? Wozu wäre das nütze? Siehst du, sagte er zu sich selbst, siehst du, du kleiner Mann, das ist das Gute am Angestelltendasein. Wenn du angestellt bist, brauchst du nicht zu fragen, warum deine Aufgabe ist, wie sie ist. Sie ist einfach. Fertig.

„Herr, hol mich aus dem Dreck!"

Er schaute auf die Glühbirnen, die auf dem Sofa zerstreut waren. Wohinein sollte er sie ordnen? Man kann doch etwas nur ordnen, wenn etwas da ist, wohinein man die Sachen legt. Ein Nest kann das sein oder ein Regal oder ein Eierkarton. Da kam dem kleinen Mann die Idee, dass genau das die

Prüfung sei. Er musste etwas finden oder erfinden, wohinein er die Glühbirnen der Stärke nach ordnen kann.

Er sah sich um.

Da waren nur Wände. Wände und eine Tür. Kein Fenster. Die Tür war abgeschlossen. Von außen. Damit er sich nicht vor seiner Aufgabe drücken kann. Damit er nicht abhauen kann, der kleine Mann. Das war sicher gut gemeint. An einer Wand war ein Regal, darauf waren Platten aus Karton gestapelt.

„Herr, lass meine Idee eine gute Idee sein!"

Er nahm von der Wand einige Kartons und versuchte, daraus kleine Schachteln zu falten. Es gelang. Zehn an der Zahl wollte er falten. Wenn gesehen wurde, so glaubte er, dass er in der Lage war, zehn Schachteln zu falten, würde ihm auch zugetraut, hundert Schachteln zu falten, tausend sogar, Tausende im Laufe von Jahren.

Für die Herstellung der zehn Schachteln brauchte er einen ganzen Tag. Deshalb, weil er zwischendurch immer wieder ein Schläfchen halten musste. Da lag er dann auf dem Sofa, um ihn herum die Glühbirnen. Einige zerdrückte er. Aber das ist immer so bei einer Arbeit. Immer gibt es Ausschuss.

„Herr, wenn es dir möglich ist, zieh mich an meiner Krawatte aus dem Dreck, aber tu es, wenn ich schlafe, dann fürchte ich mich nicht."

Er war mit dem Besten zur Arbeit gekommen, das er besaß. Das waren die schwarzen Strümpfe, die er oben abgeschnitten hatte, damit der Gummi nicht in seine Waden einschnitt. Das war die Unterhose, die er einmal aus Versehen zusammen mit seinem roten Hemd gewaschen hatte und die seither rosarot war, was ihm aber gefiel.

„Herr, wenn du mir hilfst, will ich dir ein Opfer darbringen. Vielleicht finde ich ein Schaf, das ich für dich schlachten und verbrennen kann, wie es Abel getan hat. Das ist heute zwar verboten, und das Schaf würde ja auch nicht mir gehören, sondern irgendeinem Schafbauern, aber wenn ich dem Richter erzähle, dass ich im Dreck gelegen habe und dass du, Herr, mich an meiner Krawatte aus dem Dreck gezogen hast, dann wird der Richter das einsehen und sich denken, vielleicht komme ich auch einmal in eine Situation wie der da, und dann bin ich froh, wenn der Herr mich aus dem Dreck zieht."

Außerdem war da das bereits erwähnte rote Hemd, das inzwischen blass war, weil es im Laufe seines Lebens schon so viel rote Farbe abgegeben hatte. Und die Hose sollte nicht vergessen werden, die war grob und außer jeder Form und jeder Farbe, aber sie war ein guter Freund. Die Schuhe dagegen waren keine Freunde, die waren zu eng. Aber der kleine Mann hatte sie gründlich geputzt und eingeölt, damit sie glänzten. Über dem Hemd trug er eine Jacke, auch sie grob, doch deutlich grün. Es war nämlich eine Jägerjacke, die er einst von der Frau eines verstorbenen Jägers geschenkt bekommen hatte, als er ihr im Herbst half, das Laub im Garten zusammenzurechen. Und dann die Krawatte. Der kleine Mann besaß zwei Krawatten, beide hatte er von seinem Vater geerbt. Eine war für den Sonntag, die andere für besondere Anlässe. Auf der für den Sonntag war nichts zu sehen, sie war nur aus einem blauen Stoff, und sie hatte Flecken. Die Flecken hatte der kleine Mann nicht weggeputzt, weil es Flecken von seinem Vater waren, von Suppe und Soße. Er dachte, Suppe und Soße sind dem Vater einst aus dem Mund getropft, darum sind sie heilig. Er hatte für diesen Tag also die Krawatte für die besonderen Anlässe ausgewählt. Darauf waren Pfauenaugen abgebildet. Die deuten darauf hin, dass ich Tiere gern mag, hatte er sich am Morgen beim Anlegen gedacht. Und wer Tiere gernhat, der hat einen Vorsprung.

„Versprich mir, Herr, dass du den Richter, wenn er auch einmal in eine Situation gerät wie ich, ebenfalls an seiner Krawatte aus dem Dreck ziehen wirst! Alle Richter tragen Krawatten, außer vielleicht in der Freizeit. Und wenn du mich aus dem Dreck ziehst, dann schau dir bitte meine Krawatte genau an, an der du mich ziehst. Da sind Pfauenaugen drauf, sag ich dir. Daran sollst du erkennen, dass ich die Tiere, die du erschaffen hast, gernhabe. Das muss dir doch gefallen. Das muss doch! Hilf mir, bitte!"

Er arbeitete weiter, bis in die Nacht hinein. Er würde sich in diesem Raum auf einem Regal einrollen und sich mit Pappe zudecken und die Nacht hier verbringen. So tat er.

Am Morgen ordnete er die Glühbirnen erst nach ihrer Größe, das war leicht, denn sie waren alle gleich groß. Dann sortierte er sie nach ihrer Stärke, das war nicht leicht, denn die Stärke war sehr klein aufgeprägt, und der kleine Mann sah nicht mehr so gut. Er legte die Glühbirnen jede in einen der Kartons, die er gebastelt hatte. In eine Reihe passten zehn Stück. Sechs

Reihen, 60 Stück, dann aufeinandergestapelt in zehn Reihen, 600 Stück, und eine Schachtel war fertig. So ging es weiter, bis zehn Schachteln voll waren, nach der Stärke geordnet. Das soll mir einer nachmachen, dachte der kleine Mann.

Gleich käme der Herr und würde entscheiden, ob er ein fähiger Mann war. Er flatterte vor Aufregung. Das Hemd war ihm aus der Hose gerutscht. Er strich es glatt, schlüpfte in seine Schuhe, die engen, die er ausgezogen hatte, um besseren Halt zu haben und weniger Weh. Er fuhr sich über die Haare, ging zum Wasserhahn, wusch sich das Gesicht und die Hände, benetzte seine Augen, die brannten. Er richtete sich die Krawatte, an der er gleich aus dem Dreck gezogen würde. Er bewegte sich rückwärts zur Wand und betrachtete sein Werk. Er glaubte sich am Ziel.

Der Herr kam und sprach zu dem kleinen Mann: „Aller Augen warten auf dich."

Und dann zog er ihn an der Krawatte mit den Pfauenaugen aus dem Dreck.

„Nein, du aus der fünften Reihe! Treten Sie vor!"

„Ich?" Ungläubig schaute ich. War ich du, oder war ich Sie?

„Du bist ideal für mein Projekt. Ich darf doch Du sagen. Im Gegenteil: Ich muss!"

„Ich bin gewöhnlich. Außerdem – Sie suchen einen jungen Mann. Ich bin eine Frau."

„Ich suche den jungen Mann. Man schaut einmal, dann zweimal und weiß es."

„Was muss ich tun?"

„Dich anschauen lassen. Das genügt."

17

Der Wolf

Seit Monaten wartete die Frau auf ein Lebenszeichen von ihrem Geliebten. Verliebt waren sie auseinandergegangen – er hatte sich nur für sieben
Tage verabschiedet, war auf einer Geschäftsreise. Sie hatten sich zärtlich
umarmt und konnten sich kaum voneinander lösen, wie aneinander fest-
geklebt waren sie. Als er nach seinen angekündigten Tagen nicht wieder-
gekommen war, hatte sie bei seinem Arbeitgeber, einem Fachmann für
Tierfelle, nachgefragt. Der wusste keinen Rat. Auch die Polizei fand ihren
Mann nicht. Was war geschehen?

Eines Nachts im eisigen Januar hörte die Frau Geräusche an ihrer
Schlafzimmertür. Es war kein Klopfen, es war ein Schaben. Sie öffnete die
Tür, barfuß, wie sie war, im Flanellnachthemd. Kaum traute sie ihren Augen. Da stand ein Wolf vor ihrer Tür, und in seiner Schnauze hatte er eine
Krawatte. Unverkennbar die Krawatte ihres Mannes. Nämlich die lusti-
ge, zartrosafarbene, wo ein Fisch drauf zu sehen war, der an einer Angel
hing. Eben die hatte sie ihm vor vielen Jahren aus Amerika mitgebracht,
wohin sie von ihrer Oma eingeladen worden war, die dort mit einem jungen Mann zusammenlebte, den sie für seine Dienste an ihrem Körper be-
zahlte und auf diese Weise alles Geld durchbrachte, das eventuell zu erben
gewesen wäre. Eben diese Krawatte hatte sie ihrem geliebten Mann vor
seiner Abreise geknotet. Der Wolf schien nicht wild zu sein, er beugte den
Kopf und ließ sich die Krawatte aus dem Maul nehmen, und anstatt wieder
wegzulaufen, tappte er ins Schlafzimmer und legte sich wie ein Lamm auf
ihrem türkischen Teppich vor dem Ehebett nieder.

Sie wusste nichts Besseres, als mit ihm zu sprechen:

„Wolf", sagte sie, „du Lieber, wo kommst du her, und wer hat dir die
Krawatte gegeben?"

Der Wolf schaute sie mit seinen schrägen, gelbgrünen Augen an.

Sie brachte ihm aus der Küche die Hühnerleber, die eigentlich ihrer Katze gehörte. Gierig fraß er sie und schlürfte das Wasser. Sie schloss die Schlafzimmertür, um die Katze auszusperren. Sie konnte ja nicht wissen, wie die beiden aufeinander zu sprechen sein würden.

Der Wolf lag auf dem Teppich, und die Frau legte sich in ihr Bett. Sie war so aufgeregt, und um sich zu beruhigen, betete sie einen Rosenkranz, und zwar den Schmerzensreichen. Sie betete leise, aber so, dass der Wolf es hören konnte. Wenn er mich nur fressen würde, wäre alles vorbei, dachte sie.

Da sprang der Wolf auf ihr Kissen und berührte sie mit seiner Nase an der Wange. Sein Geruch war streng, und sie hätte ihn verabscheuen müssen. Aber das tat sie nicht. Sie streichelte zaghaft über seinen Körper, und es gefiel ihm. Ihr gefiel es auch.

Bin ich denn verrückt? Träume ich? Das fragte sie sich. Die Katze miaute vor der Tür.

Lang schlief der Wolf, und die Frau wartete den ganzen Tag über bis in die Nacht. Dann wollte sie mit ihm nach draußen gehen. Kaum hatte sie die Tür geöffnet, sprang die Katze an ihr hoch, der Wolf schnappte sie und fraß sie auf. Nur das Halsband blieb übrig.

In einem Ausnahmezustand verhält sich ein Mensch vielleicht wie ein Tier, dachte sich die Frau, weil sie kein Mitleid mit ihrer Katze hatte, die bereits sieben Jahre bei ihr gelebt hatte. Sie band dem Wolf die Krawatte ihres Mannes um den Hals und streifte mit ihm durch die Gassen, als wäre er ein Hund. Er benahm sich vortrefflich. Begegnete ihnen ein Mensch mit einem Hund an der Leine, ignorierte das der Wolf, und schaute nicht einmal hin. Die Hunde aber winselten. Die Frau und der Wolf spazierten bis zum Waldesrand. Der Mond leuchtete, und die Tannen sahen aus wie schroffe Steine.

„Jetzt beheul doch den Mond!", sagte sie zu dem Wolf, und er tat, wie ihm geheißen, und heulte. Er verrichtete sein Geschäft, und sie kehrten wieder nach Hause zurück. Dort entfernte sie das Blut, die Fellreste und das Halsband der Katze und gab dem Wolf kaltes Wasser zu trinken.

Sie durchsuchte den Schreibtisch ihres geliebten Mannes, ob sie wohl einen Hinweis, eine Spur ins Tierhafte fände, und sie überlegte, ob es etwas an ihrem Geliebten gegeben hatte, was an ein Tier erinnerte. All sein Tun war von Zärtlichkeit begleitet gewesen, also ließ sie den Gedanken beiseite.

Sie hatte wohl hin und wieder Kratzer am Rücken vom Liebesspiel davongetragen, aber das war Leidenschaft, und es gefiel ihr, aber Wildnis war es nicht. Sie wollte es ihrem Geliebten irgendwann gleichtun, aber mit Wildnis. Wenn er wiederkäme. Den Rücken wollte sie ihm zerkratzen. An den Gedanken musste sie sich erst gewöhnen. Noch hatte sie es nicht getan.

Sie fand sich vernünftig und ungeeignet für Träumereien.

Aber was wusste sie schon? Was gab es nicht alles zwischen Himmel und Erde. Als ihre Mutter gestorben war, hatte sie gesehen, dass auf ihrem Grab der Grabstein verrutscht war, und sie hatte sich damals als Kind gedacht, das kommt, weil meine Mutter aus dem Grab gestiegen ist, weil es ihr da unten zu dunkel war und sie doch so die Sonne braucht. Der Grabstein wurde wieder zurechtgerückt, und dort blieb er auch. Der Vater hatte sie getröstet und gesagt, dass es an der unruhigen Erde liege. Die Erde bewege sich. Und sie hatte gefragt: „Warum, Vater, ist denn die Erde unruhig? Wohl wegen der vielen Toten, die gar nicht alle tot sind?" Da hatte der Vater gelacht.

Ein Nachbar hatte sie eines Nachts mit dem Wolf beobachtet und gefragt, ob sie denn jetzt einen Hund habe und wo der Mann sei, den sie angeblich so sehr liebe, dass sie ihn immer noch nach so vielen Jahren ihren Geliebten nenne, was doch eigentlich lächerlich sei. Sie müsse ernsthaft achtgeben, dass sie nicht werde, wie ihre amerikanische Großmutter eine gewesen war. Geliehen für einen Spaziergang habe sie das Tier, antwortete sie.

Sie ertappte sich dabei, dass sie wartete, immer und immer wieder, bis der Wolf verschwände und an seiner Stelle wieder ihr Geliebter da wäre. Sie würde ihm am Morgen vor dem Spiegel die Krawatte um den Hals legen und mit ihren geschickten Händen einen Knoten binden.

Noch war es nicht so weit.

„Und der? Finden Sie, der ist der richtige? Es ist der Kellerschlüssel. Er passt für alle Schlösser. Das weiß nur keiner."

„Wie soll dieser große Schlüssel in das kleine Schloss passen?"

„Indem sich der Schlüssel klein und das Schloss groß macht."

„Zeigen Sie es mir?"

Er versuchte es. So ein Unsinn!

„Haben Sie etwas Langes, Dünnes?", fragte er.

Hatte ich nicht.

„Versuchen Sie es mit Ihrer Krawattenspange", sagte ich.

Er versuchte es. Unsinn! Es gelang nicht. Er versuchte es mit einem seiner Manschettenknöpfe. Unsinn, Unsinn! Doppelter Unsinn! Wir mussten draußen bleiben.

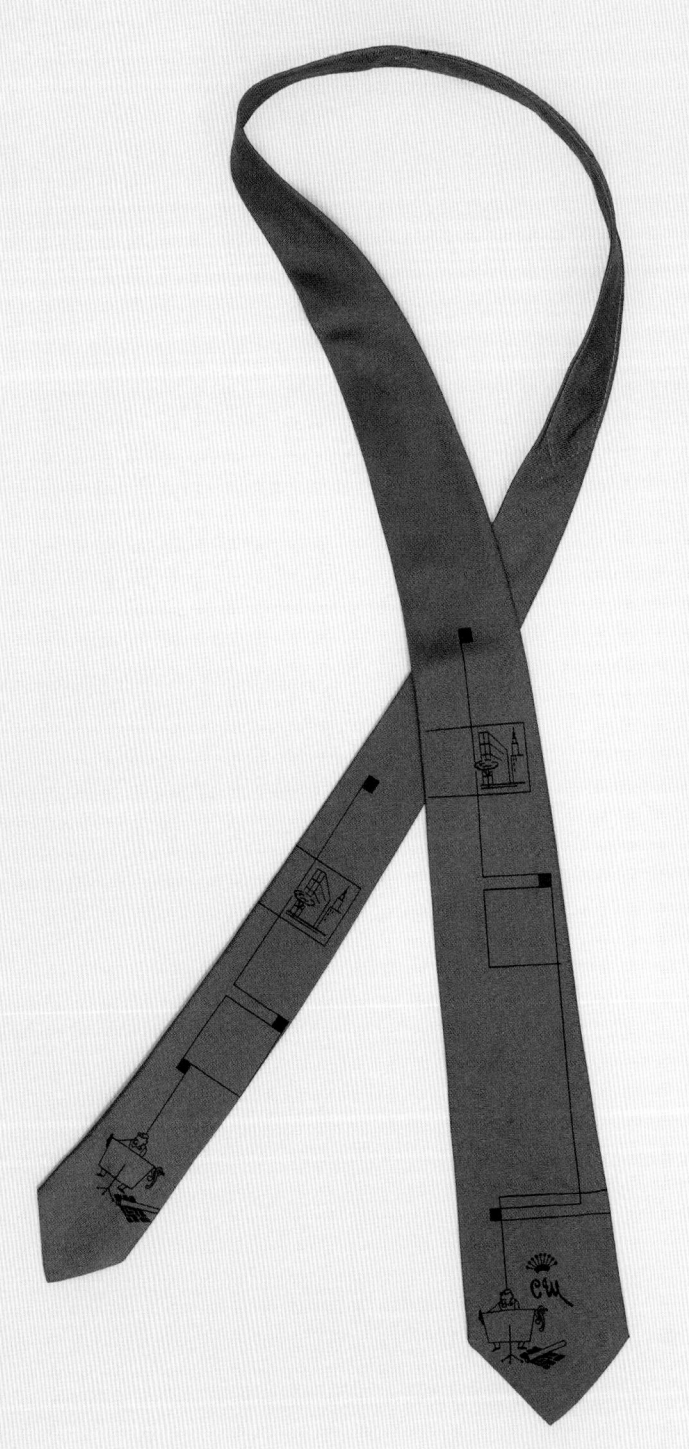

18

Petites choses

Während des Zweiten Weltkriegs lebte Pablo Picasso die meiste Zeit in Paris. Wie man weiß, war er ein sehr politischer Mensch, auf seine Weise eben. Das heißt, er schimpfte über die Nazis, schimpfte über Mussolini, schimpfte vor allem über Franco, aber auch über António de Oliveira Salazar, den portugiesischen Diktator, der sich einigermaßen aus dem Krieg heraushielt, weil ihm viel an dem Austausch von schottischem Whisky gegen portugiesischen Portwein gelegen war. Picasso kämpfte gegen das Böse, indem er dagegen anmalte und anzeichnete. Jeden Morgen saß er in einem Café auf dem Boulevard Saint-Michel und kritzelte auf Bierdeckel oder Servietten, verkaufte die Ergebnisse teuer an die Touristen und spendete das Geld der Résistance.

Picasso liebte das Geld, konnte aber nicht damit umgehen. Das war weiter kein Problem, er war ja sehr reich. Er konnte allerdings auch nicht organisieren, nichts konnte er organisieren, nicht einmal den Einkauf für ein Abendessen. Also stellte er für alles Mögliche Leute ein, die ihm diese „Weltangelegenheiten" abnahmen. Es kam vor, dass er betrogen wurde, dass sich ein sogenannter Fachmann an seinem Reichtum bediente und sich dann aus dem Staub machte. Wenn Picasso es überhaupt merkte, war es ihm doch gleichgültig. Er stellte jemand anderen ein, der den Dieb verfolgen sollte. Und wenn dieser Jemand mit dem Dieb gemeinsame Sache machte und sich die beiden die Beute teilten, war es ihm nicht weniger egal. Dann stellte er eben einen Dritten ein, der sich um die Sache kümmern sollte. Also hatte er auch jemanden eingestellt, der Kontakt zum französischen Widerstand aufnehmen sollte. Es war eine Frau, Zoé Manaudou. Eine Frau deshalb, weil Picasso Frauen für ehrlicher hielt als Männer, und wenn ihm sonst egal war, was mit seinem Geld geschah, er in diesem Fall doch sichergehen wollte, dass die mutigen Männer und Frauen, die gegen die Nazis kämpften, nicht beschissen würden.

Irgendwann war er es leid, jeden Morgen in dem Café zu sitzen und zu zeichnen. Außerdem war es auch gefährlich, die deutschen Besatzer kannten ihn ja, sie wussten, wie er politisch stand, jeder wusste das, spätestens, seit sein monumentales Gemälde *Guernica* bei der Weltausstellung in Paris 1937 gezeigt wurde, das an die Zerstörung der spanischen Stadt durch die deutsche Legion Condor wenige Monate zuvor erinnerte. Als die Deutschen in Paris einmarschierten, nahmen sie Picasso „in Augenschein", wie sie es nannten. Das heißt, sie observierten ihn, sie wussten, warum er tat, was er in diesem Café am Boulevard Saint-Michel tat. Sie hatten ihn bisher gewähren lassen, weil er der berühmteste Künstler der Welt war. Es war aber auch klar, dass ihn sein Ruhm nicht immun machte gegen die Barbarei, jedenfalls nicht für immer. Also zog sich Picasso in sein Atelier zurück und bemalte dort kleine Dinge des Lebens und signierte sie – Zigarettenschachteln, Etiketten von Weinflaschen, Unterhemden, Krawatten, Kaffeetassen, Taschentücher, das Innere von Baskenmützen, Manschetten, Büstenhalter, Sandalen, Brillengläser, Kondome und noch vieles mehr. Den Verkauf organisierte Zoé Manaudou.

Zoé Manaudou war die Tochter eines Uhrmachers, sie hatte bei ihrem Vater dieses Handwerk erlernt, es aber nie kommerziell ausgeübt. Sie war schon als junge Frau mit Künstlern befreundet gewesen, so mit dem Steindrucker Fernand Mourlot und dem Amerikaner Alexander Calder, dem Erfinder des Mobiles. Sie kannte die Schriftsteller André Breton und Louis Aragon, hatte für vier Wochen dem armen Antonin Artaud ein Bett in ihrer Wohnung gegeben, als er wieder einmal versuchte, sich vom Morphium zu befreien. Sie war befreundet mit Olga Chochlowa, Picassos Frau, von der er damals bereits getrennt lebte, sie war es, die Zoé an den Künstler vermittelte.

Zoé Manaudou organisierte den Verkauf der Objekte, die sie „petites choses" nannte. Dies sei eine neue Art der Kunst, versuchte sie Picasso zu begeistern. Sie wollte ihn von der konventionellen Tafelmalerei abbringen. Nicht nur eine Fortentwicklung der Readymades von Marcel Duchamp seien diese kleinen Dinge, sondern sozusagen deren Vollendung, ihre Apotheose, die Synthese von *objet trouvé* und Malerei, von Zufall und Wille. Das war nicht sehr geschickt. Wahrscheinlich wusste Zoé nicht, was Duchamp, es war ja auch schon über 20 Jahre her, über Picasso und seine Kunst gesagt hatte, nämlich, dass er ihn für keinen herausragenden Künstler halte, dass seine Farbwahl hässlich sei, ja, dass er, Duchamp, seine Abwendung von der Malerei unter anderem damit begründet hatte, dass er nicht werden wolle wie „dieser Spanier".

Picasso trennte sich von Zoé Manaudou, das heißt, er stellte jemanden an, der ihr sagen sollte, sie müsse sich künftig nicht mehr bemühen, kurz: der Zutritt zum Atelier sei ihr nicht mehr gestattet.

Immer wieder wurde und wird gerätselt, wo all die kleinen Dinge inzwischen sind, die Picasso in diesen wenigen Monaten geschaffen hat. Laut Zoé Manaudou muss es sich um an die 500 Exemplare handeln. Nur von einem knappen Dutzend weiß man. Was ist mit den anderen?

Viel später, in den Sechzigerjahren, hat Picasso noch einmal eine *petite chose* gemalt – eine Zeichnung auf die Krawatte eines zehnjährigen Buben. Dessen Vater war mit dem Künstler befreundet, die Familie hatte ihn in Mougins in Südfrankreich besucht. Der Bub habe einen schwarzen Anzug mit einem schwarzen Hemd getragen, dazu eine graue Krawatte. Das habe Picasso gefallen. Er habe den Buben gefragt, ob er ihm erlaube, etwas auf seine Krawatte zu zeichnen und was für eine Zeichnung er sich wünsche.

Der Bub habe geantwortet: „Eine eckige."

Picasso: „Warum eine eckige?"

Der Bub: „Weil ich eckige Zeichnungen am besten kann."

„Zeichnest du auch?"

„Ja."

„Dann zeichne mir etwas vor, und ich zeichne es nach."

Der Bub habe sich an den Tisch gesetzt und habe auf die Tischdecke etwas Eckiges gezeichnet. Picasso habe sich die Zeichnung angesehen, habe gefragt, ob er sie behalten dürfe, und den Buben, nachdem er die Erlaubnis bekommen habe, gebeten, sich vor ihn hinzustellen. Das habe der Bub getan. Und dann habe Pablo Diego José Francisco de Paula Juan Nepomuceno María de los Remedios Cipriano de la Santísima Trinidad Ruiz y Picasso mit einem Tuschstift etwas Eckiges auf die Krawatte gezeichnet.

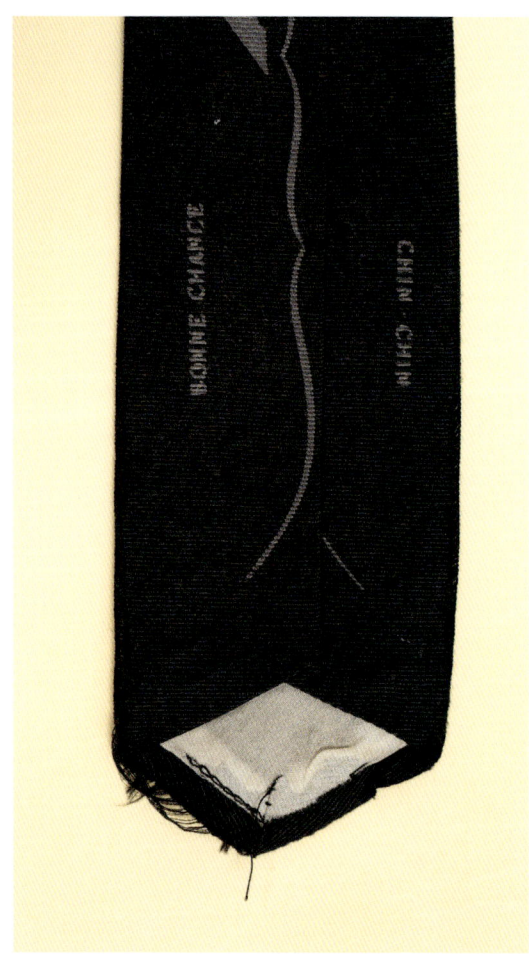

S amuel Chesterton Wallis: „Mir wäre recht, ich könnte sagen, niemand liebt mich. Ich hätte dann keine Verpflichtung. Liebe macht Sorge. Das Leben absolvieren – das ist, was es ist. Alles andere ist Illusion und Hoffnung. Eleganz erweist sich letztendlich als das Einzige, was wir dazutun können.“

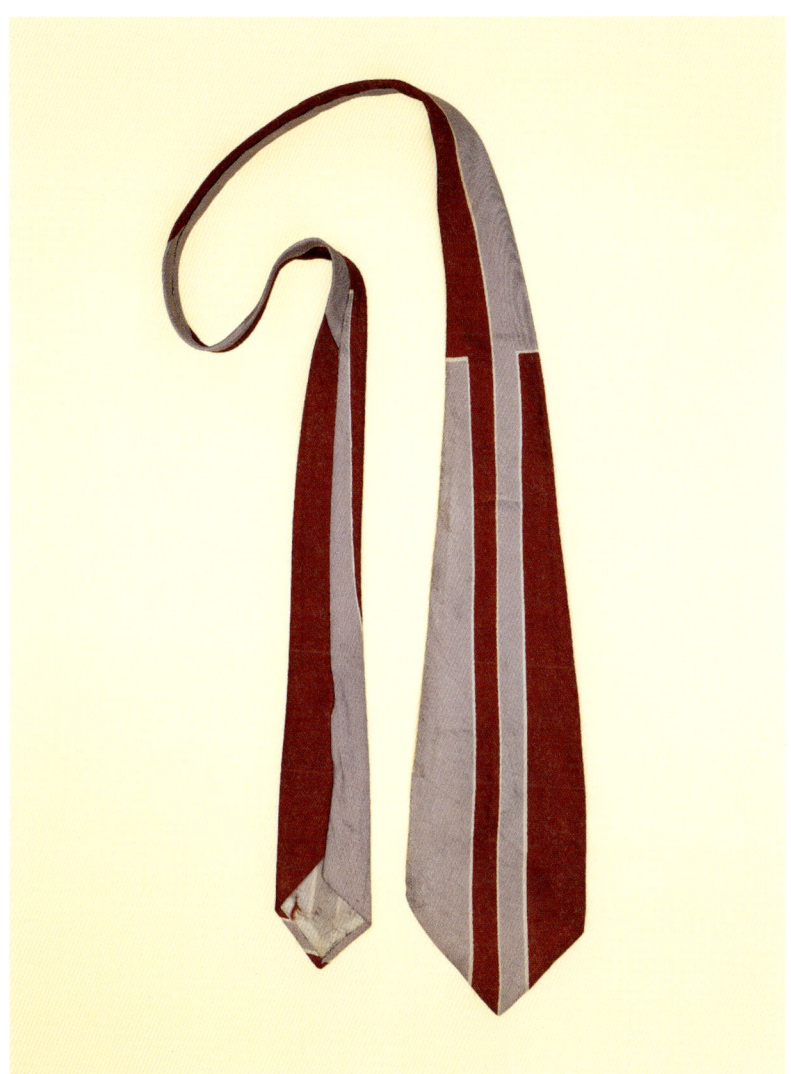

uch dieses Exemplar stammt aus dem Nachlass des Hollywoodschauspielers Robert Mitchum. Es wurde bei einer Auktion in Los Angeles erworben. Der Preis war 490 Dollar. Als nach dem Zuschlag bekannt wurde, dass Mitchum die Krawatte während der Dreharbeiten zu *His Kind of Woman* von seiner Filmpartnerin Jane Russell geschenkt bekommen hatte und dass an der unteren Innenseite noch Spuren von Russells Lippenstift zu sehen waren, wurde dem Käufer ein Angebot über 4900 Dollar zugestellt. Der Käufer lehnte ab.

19

Die Fieberblase (in der Manier von Raymond Queneaus Exercices de Style)

Angaben

Morgen. Die Rollos im Badezimmer sind heruntergelassen. Draußen Sonne. Der Mann steht vor dem Spiegel. Er trägt Unterhose, Socken und Hemd. Er prüft seine Zähne. Er versucht sich die Krawatte umzubinden, die schwarze mit den hellen Ringlein. Er entdeckt im linken Mundwinkel eine Fieberblase. Er ruft nach seiner Frau. Ob sie wisse, wo die Salbe gegen Fieberblasen sei. Die Frau tupft ihm Salbe auf den Mundwinkel und bindet ihrem Mann die Krawatte.

Verdoppelung

Es ist Morgen in aller Frühe. Die Rollos, beziehungsweise die Sonnenabdeckungen, im Badezimmer, der Nasszelle in der Wohnung, sind heruntergelassen, über die ganze Länge des Fensters gebreitet. Im Freien, draußen vor der Wohnung, wirft die Sonne, unser Zentralgestirn, ihre Strahlen und scheint auf die Landschaft. Der Hausherr und Gatte steht vor dem Spiegel und betrachtet sein Spiegelbild. Er trägt Shorts, die er salopp Unterhosen nennt, Strümpfe, so kurz wie Socken, und ein Hemd, wie Hemden, zu denen Krawatten getragen werden, eben sind: weiß. Er versucht und bemüht sich, die Krawatte – eine dunkle, schwarze mit weißen hellen runden Kreisen – zu binden, was bei ihm eher wie Bändigen aussieht. Da bemerkt er und sieht im linken Ende des Mundes, im unteren Winkel, ein leicht angeschwollenes Etwas, das er als sichtbares Zeichen einer durch Herpes-simplex-Viren hervorgerufenen Infektion klassifiziert. Er ruft, fast könnte man sagen, schreit nach seiner Frau und Angetrauten, ob sie wisse oder eine Ahnung habe, wo die Arznei sei, nämlich jene in Salbenform. Die Frau und Mutter von zwei Kindern behandelt das Malheur, das draußen eine Peinlichkeit darstellen könnte, pragmatisch und sachlich und bindet die Krawatte, respektive den Kulturstrick, ihres Gesponses, mit dem sie verheiratet ist.

Verneinung

Es war ganz sicher nicht am Abend, und die Rollos im Badezimmer waren nicht im Geringsten nach oben geschoben. Von Regenwetter keine Spur. Der Mann hatte sich auch nicht, wie behauptet, vom Spiegel weggedreht, und dass er vollständig nackt war, ist eine glatte Lüge. Man hätte erwarten können, dass er sich erst später die Krawatte umlegen würde, aber genau diese Erwartung war falsch. Und von wegen hell mit dunklen Dreiecken! Nein, just an diesem Tag hatte er die dunkle Krawatte mit den hellen Ringen ausgewählt! Jedenfalls entdeckte er, und zwar nicht im rechten Mundwinkel, wie kolportiert wird, sondern im linken eine Art Wunde, die aber nicht vom Rasieren herrühren konnte. Er rief nach seiner Frau, sie solle ihm die Salbe bringen, aber nicht die gegen Gelenkschmerzen, wie morgens üblich. Er wünsche die andere, jene in der winzigen Tube, ob sie denn nicht wisse, welche er meine. Nicht dass die Frau sich geweigert hätte, ihm zu helfen, nein, obendrein war es ihr auch nicht zu blöd, ihm ausgerechnet jene Krawatte zu binden, die sie am wenigsten mochte.

Überraschung

Schon wieder ein neuer Morgen! Aber warum sind die Rollos noch nicht geöffnet worden, obwohl die Sonne scheint? Ein Mann steht vor dem Badezimmerspiegel, möchte er denn nicht in die frische Natur hinausschauen! Jetzt erkenne ich ihn, es ist der Hausherr! Mein Gott, der hat ja nur eine Unterhose an! Immerhin drüber ein Hemd, immerhin! Hat er etwas an den Zähnen – bitte, nichts Schlimmes! Nein, Entwarnung, schon wendet er sich etwas anderem zu, der Krawatte nämlich, dem Himmel sei Dank! Aber halt, was ist das? Ich meine nicht die lustigen Donats auf dem Schlips! Das dort, an seinem linken Mundwinkel! Jessas, eine Fieberblase! Schon ist seine Frau mit der richtigen Salbe zur Stelle! Und da schau an, sie bindet ihm sogar die Krawatte! Aber hallo!

Vorhersage

Gerade wird die Nacht zu Ende sein. Aber noch niemand wird die Abdeckungen an den Fenstern nach oben geschoben haben. Die meisten Menschen werden noch in ihrem Bett liegen und schlafen, die Sonne aber wird über die Berge steigen. Nur ein Mann wird vor dem Spiegel stehen, zwar in Unterhosen noch, jedoch schon in Hemd und Socken, kritischen Blicks auf sein Gesicht. Und an diesem Morgen wird dieser Mann in einem seiner Mundwinkel eine Fieberblase entdecken, und stracks wird er nach seiner Frau rufen, damit sie ihm eine entsprechende Salbe brächte. Und die liebe Frau, die so viele Jahren das launische Wesen ihres Mannes ertrug, wird ihm auch an diesem Morgen liebevoll zur Seite stehen und ihm obendrein die Krawatte binden, wie sie es seit den frühen Jahren ihrer Beziehung so oft schon getan hat. Ein Danke wird sie nicht bekommen, im Gegenteil: Der Mann wird an dem Krawattenknoten herumnörgeln.

O

Os ost Morgon. Do Rollos om Bodozommor sond horontorgolosson. Droßon schont do Sonno. Dor Monn stoht vor dom Spogol. Or trogt Ontorhoso, Sockon ond Homd. Or proft sono Zohno. Or vorsocht, soch do Krowotto omzobondon, do schworzo mot don hollon Ronglon. Or ontdockt om lonkon Mondwonkol one Foborbloso. Or roft sono Froo. Ob so woß, wo do Solbo gogon Foborblloson ost? Do Froo topft ohm Solbo oof don Mondwonkol ond bondot ohrom Monn do Krowotto.

Beginn eines Epochenromans

Es war ein sonnendurchfluteter Morgen, als Josef Kreisler, der Leiter der Leihbibliothek von Wismar, vor dem Spiegel im Badezimmer stand und an seinem Mund eine Fieberblase entdeckte. Zu jeder anderen Zeit wäre ihm das nicht mehr als lästig gewesen; aber die Zeiten waren sorgenvoll. Nun schon seit zwei Jahren geißelte ein gefährliches Virus die Menschheit. Gerade eben hatte Josef in den Frühnachrichten gehört, dass weltweit bereits fünf Millionen Menschen an dem Virus gestorben seien, die WHO die Dunkelziffer aber als dreimal so hoch schätze. Die Varianten des Virus wechselten ständig, die Symptome waren nicht eindeutig, so gut wie jedes Wehwehchen konnte ein Vorbote des Todes sein. Josef wollte sich beruhigen, schon öfter hatte er unter einer Fieberblase gelitten, das hatte nichts zu bedeuten. Dennoch rief er nach seiner Frau. Helene war Hysterie ebenso fremd wie jeglicher Hang zur Esoterik. Sie betupfte die Stelle mit einer Heilsalbe und zupfte ihren Mann liebevoll am Ohr.

„Komm, lass mich deine Krawatte binden", sagte sie. „Oh, ich sehe, du hast die dunkle mit den Kreisen gewählt! Chic! Schließ die Augen, es wird alles gut."

Dann verabschiedeten sich die beiden Eheleute in den Tag. Helene aber hatte einen schweren Gang vor sich, darüber konnte sie mit Josef nicht sprechen, noch nicht, später vielleicht …

Gestammel

Der Dings ... der ... nichts sagen ... wie heißt er ... der ... ist ja wurscht ... der jedenfalls stand am Morgen ... ich bin jetzt zwar nicht hundertpro ... sagen wir, er stand am Morgen ... im Dings stand er ... in Unterhosen ... ja ... und Hemd auch ... Hemd auch ... glaub ich ... T-Shirt nicht, nein ... weil ... im Badezimmer stand er ... Bad ... T-Shirt nicht ... jetzt weiß ich es ... geht ja gar nicht ... wegen der ... dem Schlips ... Krawatte ... was wollte ich sagen ... ah ja ... wo er so bindet ... er bindet die Krawatte ... das will er ... was für eine Krawatte ... also ... nein, das weiß ich jetzt wirklich nicht ... wo er so bindet ... sieht er ... sieht er ... sieht ... ich meine ... wie heißt das Wort ... dieses Ding, was man an der Lippe hat ... und wehtut ... nicht jeder ... aber jeder fünfte ... oder so ... Fieberblase ... hab ich auch schon ... die sieht er ... zum Glück ... muss man sagen ... hab ich gesagt, dass er verheiratet ist ... ist egal ... ist nicht egal ... die ruft er ... die ... also die Ehefrau ... seine Frau ruft er ... seine Ehefrau ... wegen der Salbe ... ja ... ja ... das ... das war's ... glaub ich ...

Empörung

So sicher ist es nicht, dass es an einem Morgen geschah. Und wer da behauptet, die Rollos waren noch heruntergelassen, den sollte man sich genauer ansehen. Was treibt er sich so früh in einer Wohngegend herum? Wen will er ausspionieren? Darf der Mensch nicht frei darüber entscheiden, ob er seine Rollos oben oder unten hat? Wo sind wir denn, bitte! Ob die Sonne geschienen hat? Ist das wichtig? Wer will das wissen? Das ist doch nur Ablenkung! Aber wenn wir schon dabei sind: Dass ein Mann vor dem Spiegel stand, ist eine unbewiesene Behauptung, es könnte ebenso eine Frau gewesen sein. Dass nämlich angeführt wird, er oder sie habe nur eine Unterhose getragen, deutet eher darauf hin, es handelte sich um eine Frau. Das kennt man ja: Bei Frauen wird gern auf die Unterwäsche hingewiesen, bei Männern nicht. Gut, es wird auch von einem Hemd berichtet und von einer Krawatte, aber da frage ich mich schon: Dürfen Frauen keine Krawatten tragen? Aber dass auf der schwarzen Krawatte weiße Löcher dargestellt sind, das ist wieder einmal ein Höhepunkt der Geschmacklosigkeit! Die Herpesviren in der Fieberblase jedenfalls verteilen sich auf Männlein und Weiblein gleichermaßen, ha, ha, Vorurteile kennen die nicht und Scham auch nicht, aber das nur nebenbei. Und dieser Mensch, was tut er? Er ruft nach seiner Frau! Was aber noch nicht zwingend heißt, dass dieser Mensch ein Mann ist – langsam, langsam. Immerhin könnte es sich ja auch um eine Frau handeln, die mit einer Frau verheiratet ist und nach ihrer Frau ruft. Ja, das gibt es! Dass sofort eine Salbe ins Spiel gebracht wird, ist typisch und wundert mich in keinster Weise. Noch bevor man an ein Naturheilmittel – ja, auch so etwas gibt es! – auch nur denkt, wird Chemie eingesetzt. Ich will nicht behaupten, dass hinter allem Bösen die Pharmaindustrie steckt, aber so zu tun, als wäre es nicht so … heiliger Naivius! Was mir allerdings am meisten aufstößt, kommt am Schluss, wo die Frau dem Mann – nehmen wir einmal an, es ist ein Mann – die Krawatte bindet. Ehrlich: Muss das sein?

Niedlich

Ein frischer Morgen war, die rosaroten Rollöchen im Badezimmerchen waren noch ganz fest zu, draußen kitzelten die Sonnenstrahlen die Grashalme, da schaute der liebe Mann ins Spiegelchen. Dabei hatte er nur ein süßes Unterhöschen an. Er kontrollierte auch brav seine Beißerlein. Er band sich das Krawättchen um den Hals, das dunkle mit den putzigen Kringellöchlein, und da bemerkte er ein Tüpfelchen an seinem Mund. Gleich rief er nach seinem Schnucki, ob sie ein Sälbchen gegen das Wehwehchen habe. Sie tupfte das Sälbchen auf das böse, böse Tüpfelchen und tat dann auch noch ihrem Stierli das Krawättlein binden.

Fiskalisch

An diesem Morgen hielt sich, statistisch gesehen, das Steueraufkommen im Land im durchschnittlichen Rahmen, gemessen an und im Vergleich zu den Sommertagen des vorangegangenen Jahres. Die Mehrwertsteuer auf

Badezimmerrollos war nicht höher und nicht geringer als auf Herrenhandschuhe oder Fahrradklingeln, nämlich 20 Prozent. Der alte Witz, dass nicht einmal die Sonne ihre Tätigkeit im Schatten ausüben könne, bestätigte dieser Tag. Jedenfalls: Ein Steuerzahler stand vor dem Spiegel, für den er allerdings keine Kaufbestätigung vorweisen konnte, die habe er verloren. Das Gleiche galt für seine Unterhosen, seine Socken und sein Hemd. Vor ein paar Tagen hatte er sich die Zähne reinigen lassen und den Zahnarzt gefragt, ob er, wäre er ein Schauspieler, die Zahnreinigung von der Steuer absetzen könnte. Beim Umbinden der Krawatte entdeckte er eine Fieberblase. Sein erster Gedanke: Krankenstand. Er ruft nach seiner Frau, die als Physiotherapeutin einkommmenssteuerpflichtig ist, und sie versorgt ihn notdürftig. Dann bindet sie ihm auch noch die Krawatte. Er kann das nämlich ums Verrecken nicht. Sie will ihn zum Üben motivieren und sagt:

„Ab dem nächsten Mal verlange ich dafür zwanzig Euro.“

Er antwortet: „Inklusive Mehrwertsteuer?“

Ballade

Es hat der Mann am Morgen früh
die schlechteste der Launen.
Er sieht sein Spiegelbild und kann
nur eines, nämlich: staunen.

Er staunt und ärgert sich und denkt:
Was ist aus mir geworden!
In diesem Zustand krieg ich nur
vom Teufel einen Orden!

Ich war doch einst ein schönes Ding!
Jetzt bin ich alt und grausig.
Die Zukunft schrumpft zum Tennisball.
Die Aussichten sind lausig.

Er kann den Anblick seiner Haut
nicht länger mehr ertragen.
Er nimmt sein Hemd und knöpft es zu
von unten bis zum Kragen.

Die Rettung eines Angesichts
stellt immer die Krawatte.
Es war ein Glück für diesen Mann,
dass er drei Dutzend hatte.

Krawattenmäßig war und wird
nicht einer sein Rivale –
mit kritisch kennerischem Blick
wählt er die schwarze schmale.

Da sieht er an dem linken Rand
der Lippe eine Blase.
Es ist so weit, erschaudert er,
dies ist die letzte Phase

des lieben Lebens auf der Welt,
das Sterben hat begonnen,
draußen lieber Sonnenschein.
Er fragt sich: Wie viel Sonnen

seh ich noch übern Himmel ziehn,
bevor ich niedersieche
und als ein Wurm im eignen Fleisch
durch meine Därme krieche?

Zeigt dieser winzig böse Fleck
das Ende der Debatte –
dann soll der Tod mich vornehm sehn
mit Anzug und Krawatte!

An diesem Punkt erscheint die Frau
in rosa Kleid und Hut
und tupft ihm Salbe unters Maul,
die hurtig heilen tut.

Sie küsst ihn, kost ihn, zieht ihn aus,
ein bisschen ist noch Zeit,
und zieht ihn von dem Spiegel weg
und schlüpft aus ihrem Kleid.

Stanzel

Am Morgen in der Früh, wenn die Sonn draußen scheint,
steht der Herr Bürgermeister vor dem Spiegel und weint.
Holladri-ia, holladri-o!
Holladri-ia, holladri-o!

Er weint, weil ein Wimmerl am Mund unten brennt
und er nicht genau weiß, wie das Wimmerl sich nennt.
Holladri-ia, holladri-o!
Holladri-ia, holladri-o!

Drum ruft er seine Frau, die gleich lieb helfen tut,
die Krawatte ihm bindet und auf den Kopf setzt den Hut.
Holladri-ia, holladri-o!
Holladri-ia, holladri-o!

So geht der Herr Bürgermeister heute ins Amt
von Oberunterbäuren, von wo er herstammt.
Holladri-ia, holladri-o!
Holladri-ia, holladri-o!

Ausfragen

„Bist du sicher?“
„Ja.“
„In der Unterhose?“
„Und die halb unten, ja.“
„Wie halb unten?“

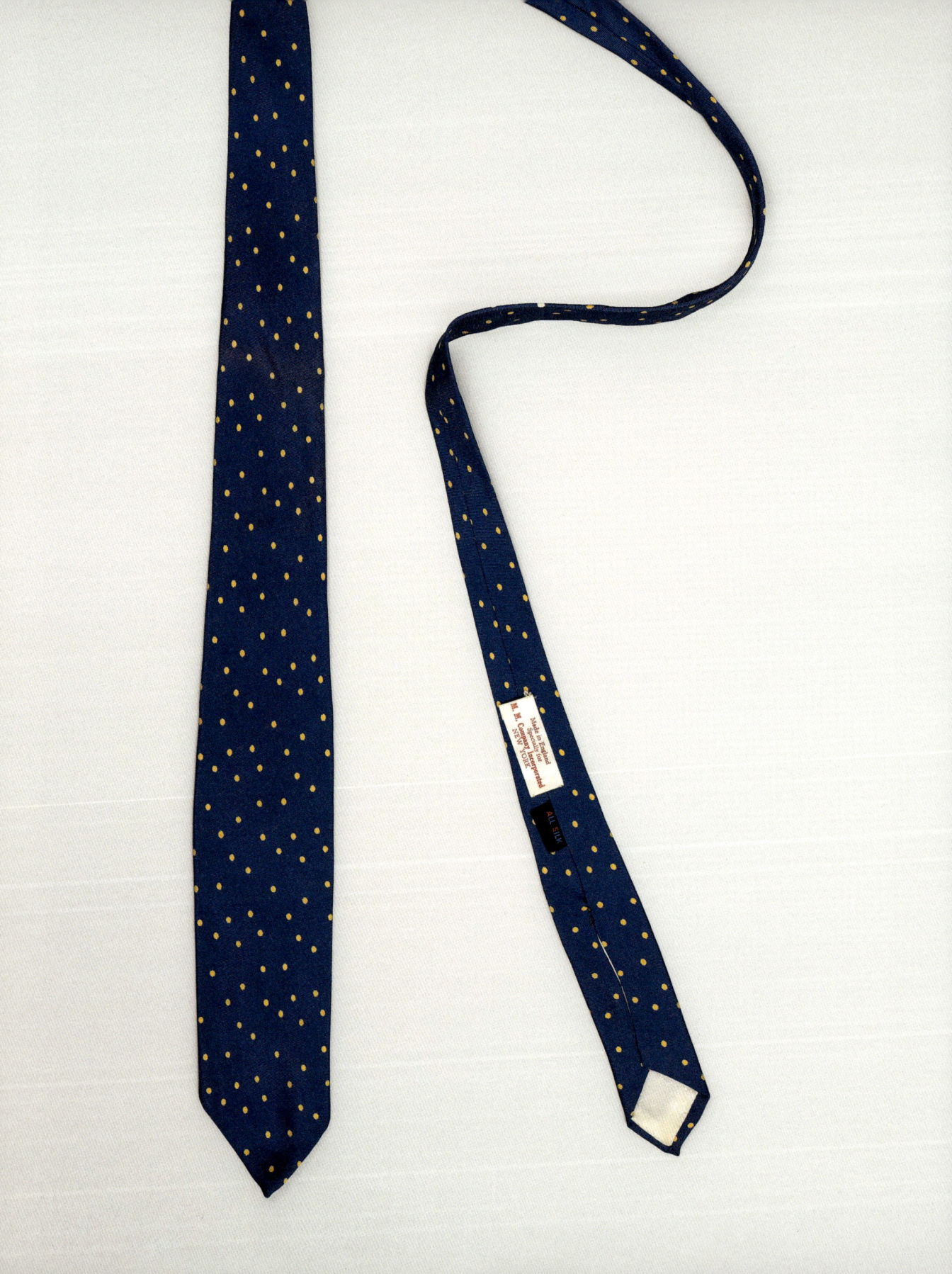

„Willst du, dass ich es dir vormache, oder weißt du es eh?"

„Und so ist er vor dem Spiegel gestanden?"

„Yes."

„Aber im Hemd."

„Im Hemd, korrekt."

„Im hellen Sonnenlicht."

„Soweit früh am Morgen ein helles Sonnlicht herrscht."

„Hat es etwa geregnet?"

„Nein, geregnet hat es nicht. Die Sonne war da."

„Sag ich doch: im hellen Sonnenlicht."

„Wenn einer von hellem Sonnenlicht spricht, dann meint er in der Regel die Sonne am Mittag."

„Aber Mittag war es ja gar nicht."

„Nein, natürlich nicht. Es war am Morgen!"

„Und was hat er gemacht?"

„Erst dachte ich, er macht, was jeder am Morgen im Badezimmer macht."

„Aber dann?"

„Ja, das ist so ... Ich habe alles nicht so ganz genau gesehen ..."

„Wie? War es nebelig? Sonne und Nebel. Das gibt es."

„Das weiß ich auch, dass es das gibt, aber das war es nicht."

„Was war es denn?"

„Das Rollo."

„Das Rollo? Was war mit dem Rollo?"

„Das war unten. Jedenfalls fast unten."

„Und da hast du nicht so genau gesehen, was sich im Badezimmer abgespielt hat."

„So ist es. Obwohl ... abgespielt ... Was soll sich abgespielt haben ... Was spielt sich ab am Morgen im Badezimmer ..."

„Um das herauszukriegen, frage ich ja."

„Ich habe schon einiges gesehen, was sich abgespielt hat ... aber einiges vielleicht auch nicht."

„Und warum hast du das Rollo nicht hinaufgeschoben?"

„Es war innen."

„Innenrollo. Aha. Interessant."

„Genau. Innenrollo. Warum ist das interessant?"

„Du hast gesagt, zuerst hast du gedacht …"

„… dass er tut, was jeder tut, wenn er im Badezimmer vor dem Spiegel steht."

„Und was tut jeder, der am Morgen im Badezimmer vor dem Spiegel steht?"

„Das ist jetzt aber nicht ernst gemeint … die Frage?"

„Doch, die Frage ist ernst gemeint."

„Ja, halt sich rasieren und so."

„Und so. Was heißt und so?"

„Himmel! Stehst du nie am Morgen im Badezimmer vor dem Spiegel?"

„Also, was war dann?"

„Dann hat er etwas an seiner Lippe bemerkt. Ich glaube, es war eine Fieberblase."

„Das glaubst du. Beweise aber hast du nicht? Was soll ich mit deinem Glauben anfangen? Kannst du mir das sagen?"

„Hätte ich das Fenster einschlagen sollen?"

„Also eine Fieberblase. Interessant."

„Warum ist jetzt auf einmal eine Fieberblase interessant?"

„Weil sie ansteckend ist. Das ist bewiesen."

„Und? Vieles ist ansteckend."

„Ja, schon. Aber wenn man etwas hat, das ansteckend ist, dann bleibt ein verantwortlicher Mensch zu Hause."

„Und?"

„Was und? Ich denke, er hat sich die Krawatte gebunden? Du hast doch von einer Krawatte gesprochen."

„Nein, habe ich nicht. Woher weißt du das mit der Krawatte?"

„Das spielt doch jetzt keine Rolle …"

„Nein, nein, halt! Das möchte ich jetzt doch wissen! Wer hat dir von der Krawatte erzählt?"

„Niemand."

„Niemand, aha. Das kannst du deiner Großmutter erzählen!"

„Ich soll meiner Großmutter erzählen, dass ein Mann, den ich nicht kenne, sich am Morgen vor dem Spiegel die Krawatte gebunden hat? Echt jetzt? Wenn ich das meiner Großmutter erzähle, dann hält sie mich für nicht ganz sauber im Kopf."

„Womit deine Großmutter allerdings recht hätte."

„Also, stopp! Stopp! Stopp! Das geht zu weit. Meine Großmutter ist eine ehrenwerte Dame … und ich möchte … ich möchte dich doch bitten, sie nicht mit deinen Schweinereien in irgendeinen Zusammenhang zu bringen …"

I

Is ist Mirgin. Di Rillis im Bidizimmir sind hirintirgilissin. Drißin schint di Sinni. Dir Minn stiht vir dim Spigil. Ir trigt Intirhisin, Sickin ind Himd. Ir prift sini Zihni. Ir virsicht, sich di Kriwitti imzibindin, di schwirzi mit din hillin Ringlin. Ir intdickt im linkin Mindwinkil ine Fibirblisi. Ir rift sini Frii. Ib si wiß, wi di Silbi gigin Fibirblisin ist? Di Frii tipft ihm Silbi iif din Mindwinkil ind bindit ihrim Minn di Kriwitti.

Das klare Gegenteil

Es war eindeutig Abend, und die Vorhänge im Wohnzimmer waren nicht weniger eindeutig offen. Hundertprozentig regnete es. Die Frau stand am Kamin, wo denn sonst! Sie war buchstäblich nackt. Ohne Zweifel schnitt sie sich die Fingernägel. Sie legte sich ein Kettchen ums Gelenk und nicht etwa eine Krawatte um den Hals, und hätte sie sich eine Krawatte um den Hals gelegt, sicher diese abscheuliche schwarze mit den anspielungsreichen weißen Löchern, wo umgekehrt doch zutreffender wäre. Mit Bestimmtheit strich sie sich über die Lippen, und die waren widerspruchsfrei angenehm kühl. Ihren Mann hatte sie radikal vergessen, nie würde sie nach ihm rufen. Sie fand sich allein zurecht. Die schon.

Erikativ

Patsch, hust, gähn, patsch, schlurf!
Röchel, bind, seufz!
Autsch!
Xzr-att-zk!
Zitter, ächz!
Schmier, schmier, tupf!
Autsch, schmoll!
Mm-a!
Mutz!

Nachwort von
Gerald Matt

Der Schrank meines
Großvaters oder
wie ich lernte, die
Krawatten zu lieben

Die Geschichte
meiner Leidenschaft

Die Wunderkammer und die Selbstbinder

Als Volksschüler durfte ich immer wieder bei meinen Großeltern schlafen. Die fast vollständig zugezogenen schweren Brokatvorhange ließen auch tagsüber nur schwache Lichtstreifen in ihr verdunkeltes Schlafzimmer dringen. Ich liebte es, die im Sonnenlicht vor den wandelnden Schatten auf- und absteigenden Staubpartikel bei ihren wirbelnden Tänzen zu beobachten. Das Schlafzimmer meiner Großeltern war meine Höhle, der sichere Hafen meiner Kindheit in den Nächten der Geister und Albträume. Untertags unerschöpfliche Wunderkammer voller Geheimnisse der Großen, das duftende Reich meiner Großmutter, die vielen Schminkutensilien auf ihrem filigranen Toilettentischchen, die in dem alten, beschlagenen und mit silbern schimmernden Glaspailletten umfassten Spiegel zu einem impressionistisches Gemälde verschwammen, welches das Zimmer zu einer bunten Seifenblase aufblies – ein Prisma sich wandelnder absurder Traumwelten, besiedelt von Goldstaub versprühenden Feen, die bisweilen Fünf-Schilling-Münzen springen ließen, die meiner kindlichen Vorstellung von viel Geld entsprachen. Da winkten mir kichernde Mickymäuse, die Pluto zum Geburtstag Sahnetorten servierten, da lächelten bezaubernde Jeannies, die aus ihren Flaschen entwichen, da umwölkten rauchende Colts der untergehenden Sonne entgegenreitenden Cowboys, und mein Fernsehheld Hiram Holliday warf sich neuen Abenteuern entgegen. Über dem Ehebett meiner Großeltern schwebte ein großes Kreuz, angeblich ein Hochzeitsgeschenk des mit uns weitschichtig verwandten Kardinals von Mailand, Ildefonso Schuster, worauf meine Großmutter gerne voller Stolz hinwies. Und da war noch ein voluminöses Ölbild des Vorarlberger Malers Karl Heine, dessen Dramatik, ein in einem grauen Novemberabend heraufziehender Sturm auf dem Bodensee, an die gefährliche Welt außerhalb des großväterlichen Hauses erinnerte.

Das Schlafzimmer meiner Großeltern schien sich dem Wechsel der Jahres- und Tageszeiten in einer Art Ewigkeitsversprechen entzogen zu haben. Für mich war es der unabänderliche Ort der Stabilität und des Wohlgefühls meiner Kindheit.

Die bereits vor dem Zweiten Weltkrieg von der Aussteuer gekaufte Einrichtung war solide, edel und spartanisch zugleich, dunkles, schwarzes Pa-

lisanderholz, eine Kommode für die Wäsche, das schwere Bett mit Nacht-
kästchen zu beiden Seiten und die zwei massiven, zur Decke strebenden
Kleiderschränke, in Dimension und Aussehen gleich, wirkten auf mich wie
unverrückbare treue Wächter in der Welt des Schlafes. Der eine beinhalte-
te die Nachthemden, Morgenmäntel, Pyjamas und Negligés meiner Großmutter, der andere die Lieblingsanzüge, Hemden, Socken, Sockenhalter,
Wäsche, Manschettenknöpfe und Krawattenspangen meines Großvaters.
Von drei Bügeln hingen seine wunderbaren Krawatten, deren Formen, Farben und Stoffe mich magisch anzogen. Immer wieder ließ er mich eine seiner Krawatten anprobieren, die er selbst gelegentlich auch „Selbstbinder"
nannte, den Begriff „Schlips" verwendete er nie. Er zeigte mir auch seinen
Lieblingsknoten, den Four-in-Hand, der vorzüglich zu seinen schmal geschnittenen Krawatten der frühen Sechzigerjahre passte und der heute
noch mein Lieblingsknoten ist. So war ich wohl der einzige Erstklässler,
der schon eine Krawatte binden konnte. Mein Großvater war ein vornehmer, beeindruckender Mann. Ich muss schon damals geahnt haben, dass
seine elegante Erscheinung mit seinen Krawatten zu tun hatte. Er war ein
Mann, der noch zwischen Werk- und Sonntagen zu unterscheiden wusste,
und wenn er meine Großmutter jeden Sonntagnachmittag in sein geliebtes
Kaffeehaus Bänziger über die Grenze in die Schweiz nach St. Margrethen
ausführte, hat er niemals auf eine zu seinen Anzügen passende Krawatte verzichtet. Auf seinem Totenbett trug er seinen Lieblingsanzug, einen
dezent schwarz-grau karierten Einreiher mit einer hellgrauen Chiffonsei-
denkrawatte. So sah ich ihn zum letzten Mal.

Die Blume im Knopfloch

Als ich mein Studium begann, trug man keine Krawatte, viele männliche Studenten präsentierten sich noch mit langer Mähne und T- oder Sweatshirt. Jeans und Turnschuhe waren der Standard der damaligen Uniformität. Die Nachwehen eines mittlerweile zum Mainstream degenerierten Protestes der 68er-Generation schlugen sich in mangelndem Gebrauch von Deodorants, der Verklärung des Konsums von Rotwein aus Doppelliterflaschen und der strikten Ablehnung des Krawattentragens nieder. Ich hingegen liebte es, mit Anzügen aus vergangenen Tagen und den dazugehörigen Krawatten für Aufmerksamkeit zu sorgen, was mir bissige Kommentare oder verwundertes Unverständnis mancher Kommilitonen eintrug. Gleichzeitig durfte ich aber auch aufmunternde Blicke und schmeichelhafte Komplimente von Studienkolleginnen ernten. Aber auch in sogenannter guter Gesellschaft sorgte das Abweichen von den damals üblichen Modecodes sowie das Unterlaufen bürgerlicher Konventionen durch Paraphrasierung der gebräuchlichen Anzug- und Krawattenformen für ein von mir gerne registriertes Unverständnis. Denn auch wenn die modischen Zuordnungen meiner Krawatten und Anzüge den meisten Mitmenschen entgingen beziehungsweise von ihnen nicht gelesen werden konnten, so wurden sie doch durch deren Anderssein irritiert. Arnold Hauser unterschied in seiner *Sozialgeschichte der Kunst und Literatur* zwischen jenen, die den Kragen lieber offen tragen, den Bohemiens, und jenen, die lieber eine Blume im Knopfloch tragen, den Dandys, zwei unterschiedliche Formen der Revolte und Deviation.

Der deutsche Philosoph Georg Simmel erklärte schon 1905 in seiner *Philosophie der Mode* das Phänomen Mode: Sie basiert auf Nachahmung und genügt damit dem Bedürfnis nach sozialer Anlehnung, sie führt den Einzelnen auf die Bahn, die alle gehen. Nicht weniger aber befriedigt sie das Unterschiedsbedürfnis, die Tendenz auf Differenzierung, Abwechslung, das Sichabheben.

Nachdem ich damals schon Oscar Wilde, F. Scott Fitzgerald, Joris Karl Huysmans, Thomas Mann und Walter Serner Autoren wie Hermann Hesse, Günter Grass, Herbert Marcuse oder Jack Kerouac vorzog, waren mir auch Simmels „Distinktionshaltung" und Hausers „Blume im Knopfloch" näher als der offene Kragenknopf. Je älter ich nun werde und je weniger Krawatten zur Etikette gehören und von Menschen regelmäßig getragen werden, desto lieber trage ich sie. Auch wenn, wie neulich beim Skisport in den Dolomiten, die Krawatte für andere nicht sichtbar wird, ist es mir dennoch ein großes Vergnügen, zu wissen, dass ich eine Krawatte von Countess Mara unter dem Pullover trage.

Ein Mann solle zumindest täglich seinen Halsbinder wechseln

Von der Sammlung meines Großvaters blieben mir nur einige wenige Krawatten, die meine Großmutter nach seinem plötzlichen Herztod aufbewahrt hatte – aus Liebe, wie ich wusste, denn nichts erinnerte sie mehr an ihn und ihre gemeinsamen Ausflüge und Reisen nach Paris, dem einzigen Ort, den mein Großvater neben seinem Hard, dem Bodensee und der Schweiz gelten ließ. In Zürich pflegte er seine Krawatten zu kaufen, auch jene, die mir geblieben waren, alle mit den schmalen Silhouetten der Sechzigerjahre. Die Schweiz war für meine Großeltern das Paradies des soliden, guten Geschmacks. Diese Krawatten bildeten die Grundlage meiner weiteren Erwerbungen und formten meinen Krawattengeschmack und Sammlerinteressen.

So begann ich schon während meines Studiums, nicht nur Krawatten zu tragen, sondern sie auch zu sammeln. Ich durchstreifte Flohmärkte, Antikgeschäfte, Trödelmärkte, Secondhandgeschäfte, später interessierte mich auch das Internet und Auktionen, und ehe ich mich versah, war mit meinen alten Hochseekoffern kein Auslangen mehr zu finden. Meine Leidenschaft wuchs sich zu einer veritablen Sammlung aus, deren Platzbedarf von Schrank zu Schrank, von Krawattenhänger zu Krawattenhänger, von Koffer zu Koffer anwuchs.

Ich ließ mir eigene Krawattenschränke mit speziellen Aufhängern bauen, die mir sowohl eine schnelle Übersicht über die Highlights meiner Sammlung als auch einen schnellen Zugriff für den täglichen Gebrauch erlauben. Dabei nahm ich eine Art Katalogisierung und Registrierung der Krawatten nach Entstehungszeit, Formen, Materialien, speziellen Motiven, Farben und Mustern vor. Ich ordnete sie auch nach Saisonen, indem ich etwa helle, freundliche Krawatten aus leichter Seide für den Sommer separierte.

Meine Leidenschaft, Krawatten zu tragen und zu sammeln, wobei das Sammeln inzwischen die Oberhand gewann, versetzte mich bald nicht mehr in die Lage, alle meine Krawatten auszuführen. So greife ich inzwischen für meinen persönlichen Gebrauch – passend zur Epoche meiner Anzüge auf ein Sortiment von weniger als 30 bis 40 Krawatten zurück. Da halte ich mich an die Vorgaben meines Großvaters. Er, der wohlgemerkt seine Krawatten trug, nicht sammelte, pflegte zu sagen, dass ein Mann zwischen 30 und 40 Krawatten benötige. Denn ein Monat habe maximal 31 Tage, und ein Mann solle zumindest täglich seinen Halsbinder wechseln. Am Beginn des folgenden Monats könne er damit wieder von vorne beginnen. An diesen Ratschlag halte ich mich gerne. Geblieben ist mir auch seine Vorliebe zu schlanken Krawatten und Anzügen der Sechzigerjahre, wobei ich im Winter gerne auf die etwas fülligeren, dunklen Anzüge und dekorativen Krawatten der Vierziger- und im Sommer auf hellere Krawattenvarianten zu den locker sitzenden Anzügen der Fünfzigerjahre zurückgreife.

Die Anzahl der Krawatten, die nicht zu meinem Alltagssortiment zählen, kann ich Ihnen nicht mehr nennen, da habe ich mittlerweile den Überblick verloren und das Zählen aufgegeben. Sie werden in trauter Gemeinschaft mit ihren Schicksalsgenossen wohlbehütet und gut vor allen Schädlingen und negativen Umwelteinflüssen geschützt in den hierfür gefertigten Schränken aufbewahrt. Wenn ich mit meinen Händen durch ihre Reihen gleite, auf der Suche nach einer bestimmten Krawatte, halte ich bisweilen bei besonderen Stücken inne, um mir die Geschichte ihrer Erwerbung in Erinnerung zu rufen. Und immer wieder begebe ich mich auf die Suche nach vermeintlich fehlenden Prachtstücken, deren besondere Form und Farbe mir wieder in den Sinn kam, um erleichtert festzustellen, dass sie von später erworbenen Stücken verdeckt wurden. So sehe ich gerne meine Schränke durch, um mich für einen ausgewählten Anzug zu inspirieren und ein besonderes hierzu passendes Exemplar wieder zu entdecken. Damit findet manche Krawatte ihren Weg zurück zu ihrem Alltagsgebrauch, während eine andere in die „Reserve" zurückwandert.

Als mir in New York ein gut gekleideter Mann mittleren Alters eine Krawatte der Vierzigerjahre mit einem wunderbaren geometrisch linearen Muster quasi vor der Nase wegschnappte, kamen wir ins Gespräch, und er erzählte mir, dass er eine eigene Wohnung in Manhattan für seine

Krawattensammlung gemietet habe, um dort seine mehr als 20 000 Stücke umfassende Kollektion sicher aufzubewahren. Ich musste bekennen, dass ich im Vergleich zu ihm noch einen langen Weg vor mir hatte, mir aber insgeheim dachte, dass Qualität und Masse noch nie in einem guten Zusammenhang standen.

Von Gentlemen, Agenten, Knoten und Schleifen

Je länger ich mich der Suche nach Krawatten hingab, desto mehr begann ich mich für die Geschichte der Krawatte zu interessieren, jener Geschichte, die in die Kinderjahre meines Großvaters zurückreicht, der noch in der Habsburger Monarchie, einige Jahre vor Ausbruch des Ersten Weltkrieges geboren wurde. Mein Großvater starb 1970, sodass er den Niedergang der Krawatte, ihrer gesellschaftlichen Bedeutung, ihrer Verarbeitung, ihrer Stoffe, Formen und Farben nicht mehr erleben musste. So richtet sich mein Sammlerinteresse auch auf jene Blütezeit der Krawatten von den Zwanziger- bis in die späten Sechzigerjahre, jene, was die Qualität der Stoffe und Verarbeitung, des Designs und der Farben betrifft, guten Jahre der Krawatte, wobei einige Ausnahmen diese mir selbst gestellte Regel bestätigen. So ergänze ich die Sammlung durch in den Achtziger-, Neunziger- und 2000er-Jahren produzierte exklusive Stücke von Hermès, Yamamoto, Dior, Saint Laurent oder Knize, die jedoch meiner Meinung nicht mehr über jene Magie ihrer älteren Verwandten verfügen.

Die frühesten Krawatten meiner Sammlung entstammen aus der Zeit nach dem Ersten Weltkrieg, in der jene handgemalten, sehr dekorativen Krawatten in Mode kamen, die ihre herausragendsten flamboyanten Exemplare in der Zeit nach dem Zweiten Weltkrieg fanden. Krawatten, die auch die Helden der Filme meiner Jugend von Cary Grant über Gregory Peck bis Robert Mitchum trugen. Unvergessen ist mir jene Szene in Hitchcocks *North by Northwest*, in der Cary Grant, während er aus einem Kleinflugzeug auf einem Getreidefeld beschossen wird, in der schmutzigen Erde in Deckung geht und sich dabei den Staub von Krawatte und Anzug wischt. Und sich als wahrer Gentleman erweist, der für seine perfekte Tenue und

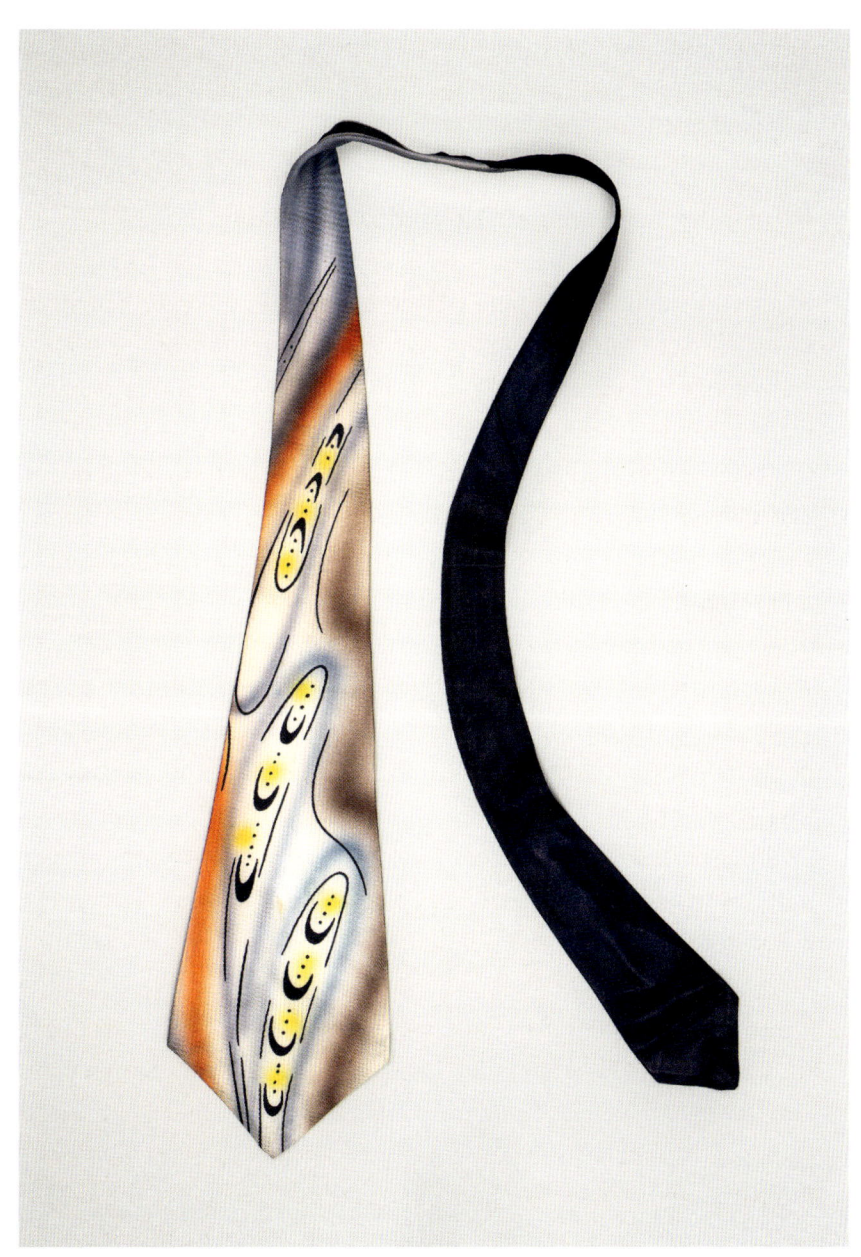

eine saubere, gut gebundene Krawatte sein Leben aufs Spiel setzt, zumindest in einem guten Hollywoodthriller.

Auch bei einem anderen Helden jener Tage sitzt selbst in körperlich herausfordernden Situationen die Krawatte immer tadellos. Ob Sean Connerys Bond aus Flugzeugen, Autos oder Betten schöner Frauen durch waghalsige Manöver retten muss, sein Four-in-Hand-Knoten bleibt intakt. Der auch von mir bevorzugte gewöhnliche und einfache Four-in-Hand-Knoten ist schmal, dynamisch, eben Bond-like und leicht asymmetrisch, was ihn sowohl elegant als auch salopp erscheinen lasst. Er passt zu jeder Krawatte, am besten jedoch eignet er sich für Krawatten der Fünfziger- und Sechzigerjahre.

Weitere klassische Knoten, die abhängig von Hemdkragenform, Krawattenzuschnitt und der Dichte des Krawattenstoffes getragen werden, sind der halbe und volle Windsor-Knoten, der Pratt-Knoten und der Grantchester-Knoten, der in Deutschland als Manhattan-Knoten bezeichnet wird. Dickere und aufwändigere Knoten lassen jedoch die Krawatte unverhältnismäßig groß und schwerfällig erscheinen. Ausgehend von den Basisknoten haben Thomas Fink und Yong Mao in ihrem Buch *Die 85 Methoden, eine Krawatte zu binden* weitere Techniken beschrieben, die Krawatte in vollendete Form zu bringen. In den Dreißigerjahren entwickelte der „Malerfürst" Balthus einen eigenen Knoten. Um den Balthus-Knoten richtig binden zu können, benötigt man eine aus leichtem Stoff, z. B. Chiffonseide hergestellte sehr schmale Krawatte. Der Balthus-Knoten ist ebenso wie der doppelte Windsor-Knoten symmetrisch und voluminös. Was Krawattenknoten angeht, wird jedoch der Fantasie keine Grenzen gesetzt.

Ludwig XIV., der Blaue Engel und die „Siebenfalte"

Einer Legende nach verdankt die Krawatte ihren Namen einem kroatischen Reiterregiment, das anlässlich einer Truppenparade zu Ehren des französischen Königs Ludwig XIV. vor dem noch nicht fertiggestellten Bau des Schlosses Versailles defilierte. Die Kavalleristen trugen ein Stück Stoff an ihrem Hals, das am Kragen in Form einer Rosette befestigt war und dessen Enden lose über dem Oberkörper hingen. Der König zeigte sich von diesem Halsschmuck überaus angetan und machte ihn zur Mode am französischen Hof. Zur Pflege und Anrichtung seiner „cravate" beschäftigte er sogar einen eigenen Cravatier. Während der Französischen Revolution wurden die Halsbinden zum politischen Symbol: Trug der Adel weiße Seidenkrawatten, banden sich die Revolutionäre rote Tücher um. Heute hingegen wird im iranischen Mullah-Regime das Tragen einer Krawatte als Ausdruck antiislamischer Subversion (und westlicher Dekadenz) abgelehnt.

Ursprünglich eine Krawattenschleife oder auch Querbinder, der einer Fliege am nächsten kam, entwickelte sie sich über ihre immer länger geschnittenen Enden zur Krawatte. Das Gewebe der Krawatten war anfangs auf natürliche Stoffe wie Baum-, Schurwolle und Seide, das wohl eleganteste und wohl ansehnlichste Krawattengewebe, beschränkt. Polyester und andere Kunstfaser kamen schon vor dem Zweiten Weltkrieg auf den Markt, waren pflegeleichter und vor allem kostengünstiger.

Die Krawatte wurde in den „Roaring Twenties" und den liberalen frühen Dreißigerjahren, die mit der Machtergreifung der Nazis ein jähes Ende fanden, auch zum Symbol für die Emanzipation und Befreiung der Frauen. Es war wohl kein Zufall, dass Josef von Sternberg Marlene Dietrich in einem Stück mit dem Titel *Zwei Krawatten* entdeckte. Die mit dem UFA-Film *Der blaue Engel* zum Star gewordene Dietrich machte den Männeranzug mit Krawatte zum Markenzeichen emanzipierter Frauen und sich selbst zum Idol einer Generation selbstbewusster Frauen, die in kurzen Kleidern und Bubiköpfen durch Berlins wilde Nachte tanzten. Die Produktion war das Sprungbrett für die Weltkarriere der Femme fatale und überzeugten Gegnerin der Nazis.1933 nach der Machtergreifung Hitlers wurden die UFA Studios gleichgeschaltet, der *Blaue Engel* verboten. Anzug und Krawatte waren

mit dem Nazi-Ideal des deutschen Weibes unvereinbar. Kurz darauf emigrierte Dietrich in die USA und startete ihre Hollywoodkarriere. Wer sie auf dem berühmten Foto auf dem Hochseepassagierdampfer „Bremen" im „Boyfriend Look" mit Krawatte, Anzug und Herrenhut posieren sieht, versteht, warum sie auch von der LGBT Community, Drag-, Transgender- und Lesbenszene verehrt wird.

Während des Art-déco-Luxus und der Weltwirtschaftskrise in den Dreißigerjahren wurden die Krawatten breiter und zeigten oft kühne Art-déco-Muster und -Designs. Die Muster und Farben der Krawatten jener goldenen Tage Hollywoods wurden stark durch die Moderne Kunst, durch Expressionismus, Surrealismus bis hin zum Kubismus beeinflusst. Geometrische, aber auch florale Muster wurden populär. Künstler wie Salvador Dalí stellten Entwürfe für das Krawattendesign zur Verfügung. So fanden die berühmten zerrinnenden Uhren Dalís ihren Weg auf die Sichtseite der Krawatte.

In derselben Zeit wurden auch diagonale Streifen zu beliebten Mustern. Der New Yorker Schneider Jesse Langsdorf soll als Erster den Stoff diagonal zur Webrichtung verwendet haben. Damit konnte der durch das Binden und Lösen der Krawatte erzeugte Druck vom Seidenstoff weitgehend genommen werden. In Großbritannien und im Commonwealth verliefen Krawattenstreifen von links oben nach rechts unten und repräsentierten Mitgliedschaft zu militärischen und universitären Organisationen. Beliebt waren bestimmte Streifen und Farben als exklusives, nur Mitgliedern zugängliches Bekenntnis zu englischen Herrenclubs oder politischen Parteien. Brooks Brothers machte gestreifte Krawatten auch in den USA populär, ließ aber die Streifen von der rechten Schulter zur linken Seite verlaufen, um militärische oder gar britische Assoziationen zu vermeiden. In den Zwanzigerjahren kam es auch zu „technischen" Neuerungen. Futter und Einlage wurden zugleich mit der Faltung der Krawatte gesichert. Für das Innere besonders luxuriöser Krawatten wurde einfarbiges Seidenfutter verwendet. Unter Self-tipped-Krawatten verstand man jene, die das Krawattenmaterial gleichzeitig als Futter verwendeten. Grundsätzlich verwendete man als Einlage der Krawatte weiche, elastische Stoffe, am besten reine Schurwolle oder Seide. Durch eine gute Einlage lässt sich die Krawatte gut binden und behält ihre Form. Eine besondere Spezialität stellt die „siebengefaltete Krawatte", auch „Siebenfalte" dar, deren Länge sich aus der Diagonale eines quadratischen Seidentuchs ergab. Dabei wurde sie siebenmal gefaltet und auf der Rückseite mit einer Naht fixiert.

Es ist nicht Zeit zu reden, es ist Zeit zu küssen oder Countess Mara und der Herzog von Windsor

Im Jahr 1932 begann die Karriere einer ganz außergewöhnlichen Krawatten-designerin, deren Krawatten wohl zu den außergewöhnlichsten Objekten meiner Sammlung gehören. Die italienische Adelige Lucilla Mara di Vescovi hatte 1926 Malcolm Whitman, einen amerikanischen Tennis-Einzelmeister, geheiratet. Nach einem Streit über seine langweiligen Krawatten, schenkte sie ihm eine von ihr aus seidenem Kleiderstoff gefertigte Krawatte. Nach seinem frühen Tod reiste sie durch Europa und kaufte Stoffe, die sie nach New York mitbrachte, um 1935 mit dem Label Countess Mara eine Karriere als Krawattenmacherin zu starten. Angeblich wurde der Name auch von einem Kneller-Porträt aus dem 18. Jahrhundert inspiriert, das die Gräfin de Mar mit einer locker gebundenen Steinkirk-Krawatte zeigt. Als eine ihrer ersten Marketing-Entscheidungen brachte sie die Initialen C. M. auf dem äußeren Blatt jeder Krawatte an. Ihre Krawatten wurden in limitierten Auflagen hergestellt, nur 15 Dutzend pro Design, was ihren hohen Preis legitimierte und sie schon früh zu begehrten Sammlerstücken machte. Prominente wie John F. Kennedy, Frank Sinatra, Eugene O'Neill und J. Edgar Hoover liebten ihre Krawatten. Ihre künstlerisch gestalteten Krawatten waren seit den Vierzigerjahren oft farbenfroh, ohne jedoch auffällig oder gar spektakulär sein zu wollen. Sie bezeichnete die Motive ihrer Designs als Dschungel, in dem sich Bäume, Blumen, Tiere, aber auch der Teufel, Wolkenkratzersilhouetten, Hieroglyphen, astrologische Zeichen und zerrissene Liebesbriefe tummelten. Ihre Krawatten waren so erfolgreich, dass andere Produzenten versuchten, sie zu imitieren und ebenfalls Künstler mit Krawattenentwürfen und außergewöhnlichen Motiven beauftragten. 1944 wurde Countess Mara in Anerkennung des Einflusses, den ihre Krawatten auf die Mode hatten, mit dem Neiman Marcus Fashion Award ausgezeichnet.

In derselben Zeit wurden Krawatten mit einem Windsor-Knoten gebunden, den der Herzog von Windsor in dieser Zeit erfand, der der Krawatte am Hals mehr Volumen gab. Dieser dicke Knoten passte auch gut zu den weit gespreizten Kragen der Hemden und den breiten Aufschlägen der Geschäftsanzüge der Dreißigerjahre. Die Farben der Krawatten spiegelten die ernste Lage und Tristesse des Krieges wider.

„Eine gut gebundene Krawatte ist der erste ernsthafte Schritt im Leben."

Oscar Wilde

„Die Schönheit der Dinge lebt in der Seele dessen, der sie betrachtet."

David Hume

Einfarbige oder gestreifte Krawatten in Maroon-Rot, Blau, Weiß und Schwarz waren die noch gewagtesten Farbgestaltungen. Zudem wurden die Krawatten deutlich kürzer getragen, da die Männer ihre sehr weiten Hosen auch wesentlich höher, nämlich in der natürlichen Taille über dem Bauchnabel oder einen Anzug mit Weste trugen, der ohnedies nur den Knoten und den oberen Teil der Krawatte sichtbar machte. Während des Krieges veränderte sich die Krawattenmode, die Schnitte und Farbigkeit der Krawatten kaum, sie blieb, geschuldet wohl der Ernsthaftigkeit der Lage und Dominanz des Militärischen, zurückhaltend und bescheiden. Da Seide während des Krieges eine Mangelware war, stellte man Krawatten in den 1940er-Jahren häufig aus Viskose und Wollstrick her.

Gegen Ende des Zweiten Weltkrieges wurde der Enthusiasmus des bevorstehenden Sieges, die Vorfreude auf den Frieden und der Lebenshunger nach den Entbehrungen und Ängsten des Krieges in den USA vorweggenommen durch breiter werdende, buntere, wildere Krawatten, in denen das Lebensgefühl der heimkehrenden Soldaten seinen Ausdruck fand. Die Männer wollten die Blicke der begehrten Frauen wieder auf sich ziehen. Pfauen gleich, die ihr Rad schlagen, zierten sie ihren Hals mit schillernd bunten Krawatten. Diese Krawatten der Nachkriegszeit spiegeln die Sehnsucht der heimkehrenden GIs wider, Eintönigkeit und Askese des Krieges endlich hinter sich zu lassen, ein Gefühl der Befreiung, das sich in Design und Mode niederschlug. Die Farben der Krawatten wurden kräftiger, und die dekorativen Muster schrien bisweilen nach Aufmerksamkeit. Nicht seriöse Zurückhaltung, sondern selbstbewusstes Auftreten und gekonntes Eindruck-Schinden waren gefragt. Und wenn das alles nichts half, ergriff die selbstbewusste Frau die Initiative und Jane Russell nahm Robert Mitchum bei der Krawatte mit den Worten: „It's not time for talking, it's time for kissing." Diese Krawattenmode, die die späten Vierziger- bis Anfang der Fünfzigerjahre dominieren sollte, wurde unter „Bold Look" bekannt und stellt eines der Kernstücke meiner Sammlung dar.

Pin-ups und Belly Warmer

Die Designs dieser Jahre umfassten Palmen und Urlaubsmotive zwischen Hawaii- und Miami-Beach-Szenen, Tennis- bis Bowling-Spieler, Pin-up-Girls – oft auf der Rückseite der Krawatte, bei feuchtfröhlichen Herrenabenden gerne vorgezeigt –, sowie Szenen aus Flora und Fauna, Enten-, Hirsch- und Büffelmotive, Jagdbilder, Berufssymbole und -motive, von Mikrofonen für Reporter bis Zeichnungspulte für Architekten, Art-déco- bis Mondrian-Muster. Ich liebe deren Opulenz in Farben und Mustern, deren Fantasie, ja, auch oft geschmacklosen Humor und unbekümmerte Political Incorrectness, die sich in oftmals absurden Motiven von Ölbohrtürmen über schlüpfrige Posen bis hin zu explodierenden Atombomben niederschlägt.

Angeblich soll der US-amerikanische Grover Chain Shirt Shop als erstes Geschäft eine Krawattenkollektion entworfen haben, die spärlich bekleidete Frauen zeigte. Pin-ups, die auf die Rückseite einer Krawatte gemalt waren, wurden rasch zu einem beliebten modischen Geheimnis.

Nach dem Krieg wurden die Sakkos auch gerne offen getragen, um den gut gebauten, kriegsgestählten Körper auch zur Schau stellen zu können. Zudem wanderte die Hose näher zur Taille, was die Krawatten auch in der Länge beeinflusste.

Bis Ende der Vierzigerjahre präsentierte sich die Mode sehr verspielt, und bisweilen nahm die Fülle an Stoffen und Formen geradezu megalomanische Dimensionen an. Der Krieg war vorüber, und Amerika war stark wie niemals zuvor, das Land, wo Milch und Honig floss und wo der Überfluss an Material auch gerne gezeigt wurde. Doch nicht nur an Stoff, auch an Farben und Mustern sparte man nach den grauen, enthaltsamen Tagen des Krieges und den gleich machenden standardisierten Uniformen nicht. So wurde in dieser Halbdekade auch der exaltierte „Zoot suit" geboren, der gerne mit Hawaiihemden oder Krawatten „veredelt" wurde. Hierzu passend waren in den ersten Nachkriegsjahren in den USA auch die „Belly Warmer" in, extrabreite Krawatten, die mit einer Breite von 12 bis 15 cm nahezu wie Servietten den ganzen Oberkörper bedeckten. Anfangs als Witz angesehen, lagen diese Krawatten für kurze Zeit im Trend, nachdem Schauspieler wie Bob Hope, Alan Ladd und Danny Kaye mit ihnen

auf Stars- und Starlet-Partys aufkreuzten. Ihre schrillen, farbtrunkenen Designs passten vorzüglich zu den überdimensionierten Sakkos und weiten Hosen, die Jazzmusiker schwungvoll bei ihren Auftritten umflatterten. Die Krawatten hatten jedoch gebunden relativ schmale Knoten, weiteten sich jedoch nach unten auf bis zu 13 cm, auch um die narrativen Motive aufnehmen zu können. Die Länge betrug um die 120 cm, da nunmehr die Westen aus der Mode gekommen waren und die Krawatte zur Gänze sichtbar blieb. Die üppigen Nachkriegsjahre brachten auch aufwändigere Materialien wie unterschiedliche hochwertige Seiden zurück.

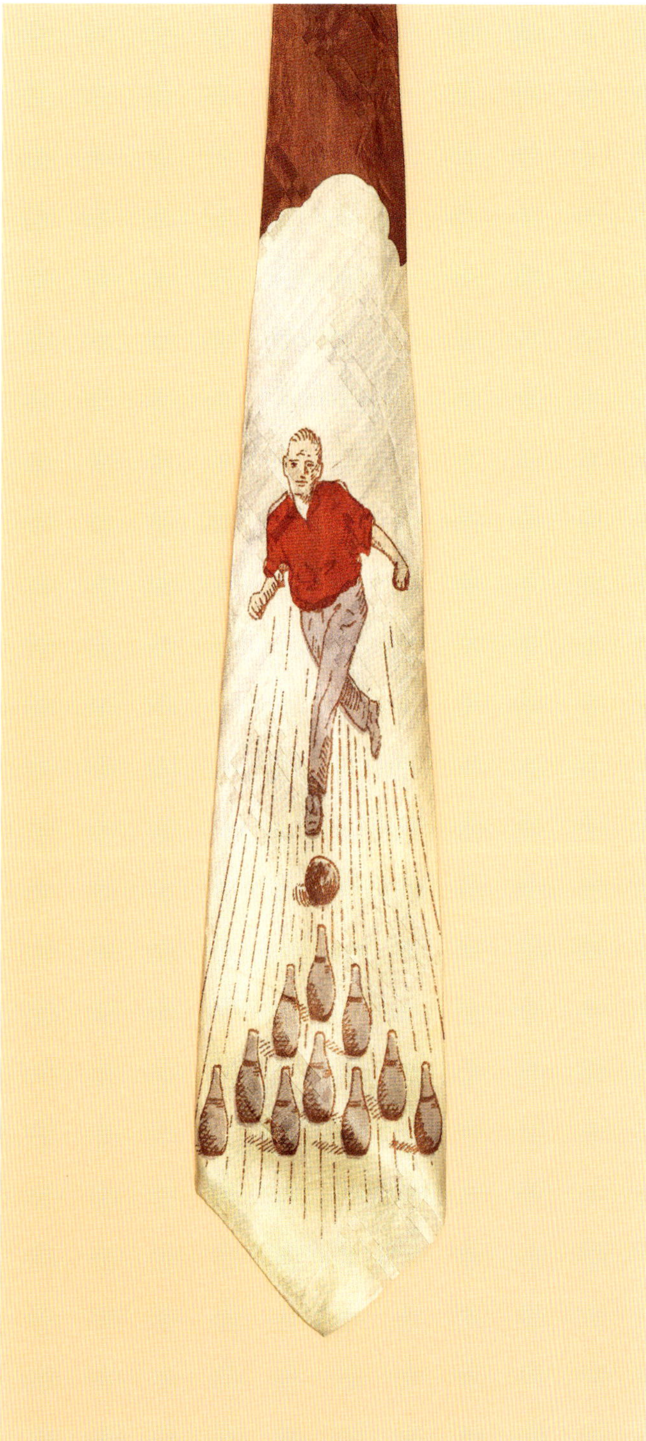

Schlanker als schlank

Die Fünfzigerjahre nahmen Abschied von den superbreiten Krawatten und weit geschnittenen Anzügen, die an Volumen und Stoff verloren.

Auf den Bold Look der Vierziger und frühen Fünfziger folgte am Beginn und zur Mitte der Fünfziger der „Mister T"-Look, ein vom Modemagazin *Esquire* ausgerufener Trend. Die Anzüge und Anzugrevers wurden nun schlanker, figurbetonter und liefen spitzer zu. Sie hatten keine oder kleinere Aufschläge, die Hutkrempen wurden schmaler, und die Krawatten folgten diesem Trend. Ihre Breite reduzierte sich bis 1955 auf maximal 7,5 cm, um bis Ende der Fünfzigerjahre auf etwa die Hälfte zu schrumpfen. Ebenso verloren die Krawatten an Farbigkeit. Wilde Motive und schreiende Buntheit wichen dezenteren Farben und zurückhaltender geometrischen Formen, die meist vor einem einfarbigen Hintergrund platziert wurden. Dies ging einher mit einem Trend zu minimalistisch einfarbigen, dunklen, oft auf die Farbe des Anzugs abgestimmten Krawatten, die in den 1950er-Jahren immer beliebter wurden, und machten die Fliege zu einem Accessoire, das für formelle Anlässe reserviert war. Darüber hinaus waren die Fünfzigerjahre das letzte Jahrzehnt, in dem man zu Anzug und Krawatte selbstverständlich einen Hut trug.

Zu dieser Zeit kam es auch zu einem Comeback der Diagonalstreifen. Gleichzeitig wuchs die Länge der Krawatten auf circa 130 cm an, da die Männer begannen, ihre Hosen tiefer und näher an den Hüften zu tragen. So reichten die Krawatten bis zur Gürtelschnalle oder ein paar Zentimeter weiter. Zudem war der oberste Knopf der Anzugsjacke tiefer gesetzt worden, sodass ein größerer Teil der nun schmalen Krawatte sichtbar wurde. Die Kragen der Fünfzigerjahre unterschieden sich auch deutlich von jenen des vorangegangenen Jahrzehnts. So erlebte der Klubkragen mit seinen abgerundeten Spitzen ein Comeback, während die spitzen Kragen der Vierzigerjahre zunehmend unbeliebt wurden. Ebenso kamen Button-down-Kragen in Mode, die wiederum etwas größere Krawattenknoten wie den Windsor-Knoten ermöglichten. Neben Seide und Strick hatten neue Materialien wie unterschiedlichste Kunstfasern Konjunktur.

Ende der Fünfziger verengten sich die Krawatten auf eine Breite von 2 bis 2,5 cm, die den hierzu perfekt passenden Four-in-Hand-Knoten zur

dominierenden Bindeart machte. Zu den hellen Beton- und Glaspalästen eines Oscar Niemeyer passten auch besser stromlinienförmige dynamische Anzüge mit superschmalen Krawatten. „Skinny Ties" wurden erstmals in den späten 1950er- und frühen 1960er-Jahren von britischen Bands wie den Beatles und den Kinks sowie von der Subkultur der Mods populär gemacht. Niemals zuvor waren Krawatten so schmal. Der nachwirkende Einfluss der Fünfziger- und Sechzigerjahre auf die moderne Herrenmode lässt sich noch immer an der Tradition der figurbetonten Taille und schmalen Krawatten erkennen.

Die Schlankheitskur der Krawatten endete Mitte, Ende der Sechzigerjahre. Flower-Power war angesagt. Bunter, schriller, breiter als je zuvor, nahmen die Krawatten wieder wie ihre Vorgänger der Vierzigerjahre die unproportionierte Gestalt einer überdimensionierten Serviette ein, wobei sie sich von jener Zeit durch favorisierte, geschmacklose Orange-, Rosa-, Türkis- und Brauntöne, psychedelisch aufgeblasene Muster und extrem dicke, monströse Krawattenknoten unterschieden. Manche Muster der Dreißiger- und späten Vierzigerjahre wurden wieder aufgegriffen, so wurde das Paisleymuster wieder aktuell. Der Designer Michael Fish entwarf 1965 die ersten „Kipper Ties" mit der typischen dreieckigen Form, deren Designs stark von der Pop-Art beeinflusst waren. Die Krawatten leiteten ihren Namen von den breit geformten britischen Frühstücksheringen her und dehnten sich bis zu einer Breite von sechs Zoll aus. Bald jedoch sollte diese exaltierte Krawattengeneration der bräunlich-orangen Biederkeit der Siebzigerjahre Platz machen, die in schlampig gebundenen halboffenen und elefantösen Knoten die Schlabberhemdkragen der sich auf den Marsch durch die Institutionen begebenen Funktionäre zierten. Kein Wunder, dass sich in diesen Jahren des schlechten Geschmacks braune Tischdeckenmuster zu Kunststofffasern gesellten.

Über die Kraft der Schönheit oder Der immerwährende Sonnenuntergang

Anlässlich eines Wiener Abendessens und der saloppen Aufmachung manchen Gastes erzählte mir der Krawattenfetischist und US-Regiestar Martin Scorsese, dass er den Charakter eines Menschen nach der Krawatte beurteile, die er trage. Auf meine Frage, was denn sei, wenn einer keine Krawatte trage, lautete seine Antwort: „Dann hat er auch keinen Charakter." Eine zynische, aber gleichwohl erfrischende Anmerkung in Zeiten einer global grassierenden Tyrannei der offenen Kragen und T-Shirts.

Balzac stellte bereits 1830 in seinem *Traité de la vie élégante*, den Theorien Galls und Lavaters folgend, einen Bezug zwischen Kleidung und Charakter fest und widmete sich in „seize leçons" der *L'art de mettre sa cravate*. Der Dichter Lord Byron gar soll schlaflose Nächte damit zugebracht haben, sein Halstuch so perfekt und faltenlos zu binden wie der von ihm so bewunderte arbiter elegantiarium Beau Brummell. Der Poet Baudelaire pflegte seine Haare den Farbnuancen seiner Krawatte entsprechend zu färben.

In der heutigen Zeit der affirmativ zur Schau getragenen Freizeitkleidung, scheint die Krawatte geradezu in Verruf geraten zu sein. Konnte man bis vor geraumer Zeit auf großen Kulturevents ausschließlich in festlicher Kleidung auftreten, so empfindet man sich heute mit Anzug oder Krawatte, von Black Tie ganz zu schweigen, nicht selten als absonderlicher Vertreter einer aussterbenden Spezies. War zu meiner Zeit ein Gymnasiallehrer ohne Krawatte schlichtweg unvorstellbar, so würde ein Anzug- und Krawattenträger heute unter T- und Sweatshirt schwitzenden Lehrern geradezu provozieren. Trägt man eine Krawatte zu einer Einladung zum privaten Dinner, fühlt sich der Gastgeber unweigerlich zur Aufforderung bemüßigt, man möge sich dieser Förmlichkeit doch zwanglos entledigen. Zunehmend werden Krawattenträger als Fossil einer autoritären, bleiernen Zeit diskreditiert. Dass die Ablehnung der Krawatte jedoch einhergeht mit einem zunehmenden Verlust von Höflichkeit und gesellschaftlichen Konventionen sowie der Ablehnung von Ästhetik und schönen Dingen, scheint niemanden zu stören.

Die Verweigerung des Krawattenästheten gegenüber einer Welt des Puritanismus, der Natur- und Natürlichkeitsromantik und rigider Nützlichkeitszwänge gipfelt in einer „Metaphysik der Provokation", wie das Walter

Benjamin schon in Bezug auf Baudelaires „Strategie des Chocs" festhielt. Und so ist es heute mehr Provokation, mit Anzug und Krawatte in entsprechenden Lebenslagen aufzutreten, als im Sommer fast vollständig entkleidet, in kurzen Hosen und Slippers, unsere Innenstädte und deren Gotteshäuser mit Badeanstalten zu verwechseln.

Wenn etwa der Ästhet Baron de Montesquieu, Vorbild für Marcel Proust und seinen Baron de Charlus, andachtsvolle Stunden mit der seinen seelischen Stimmungen folgenden Auswahl seiner Krawatten zubrachte, dann verbarg sich hinter dieser Ankleidungspraxis dieselbe verachtende Herausforderung für eine immer mehr zweckorientierte Zeit wie in der Haltung Oscar Wildes, der auf Befragen nach seiner Tagesbeschäftigung einmal erklärte, er habe den ganzen Morgen mit der Durchsicht seiner Gedichte zugebracht und schließlich ein Komma herausgenommen, und gegen Abend habe er es wieder eingesetzt. So unnatürlich die Krawatte den Hals zwischen Körper und Kopf einschnürt, so sehr spiegelt sie diese Haltung des Ästheten wider. Oscar Wilde beklagt, dass das Leben, was seine Form angeht, schrecklich ungenügend sei. Wenn er meint: „Was Kunst wirklich für uns enthüllt, ist der Mangel der Natur an Design, ihre seltsame Grobheit, ihre außergewöhnliche Monotonie und ihr absolut unvollendeter Zustand", dann hat Rousseau'sche (grünalternative) Naturduselei ausgespielt. So wenig die Natur den Ansprüchen des Ästheten genügt, so sehr gilt sie diesem als Auftrag und Chance für die Inszenierung seiner selbst, eine Haltung, die in der Kultur und dem Kult um die Krawatte sowie in geistreichen Aperçus ihren Ausdruck und ihre Form findet.

Voller Hingabe für den schönen Gegenstand, voller Verehrung für die vollendete Form führten Ästheten wie Huysmans, Pater oder d'Annunzio und heute Tom Wolfe, Gay Talese oder das Künstlerduo McDermott/McGough ihren aussichtslosen Kampf gegen eine reine Funktionalität und Banalität des Seins. Die Krawatte wird für sie zum Code für die Vergeblichkeit des Ringens um Autonomie und Selbstbestimmung. Sie bleibt eines der letzten Accessoires männlicher Schönheit und Raffinements in Zeiten totalitärer Gleichmacherei, selbstgerechter calvinistisch-alternativer Tugendbolde und einfältiger marketinggesteuerter Bequemlichkeits- und Freizeitfanatiker – ein „letzter Akt des Heroismus in Zeiten des Verfalls", ein „immerwährender Sonnenuntergang", wie Baudelaire das Schicksal des Ästheten melancholisch bedauerte.

Als Krawattenträger und -sammler darf ich Gleichgesinnten frei nach Camus Mut wünschen: „Wenn Ästheten sich nicht umbringen oder verrückt werden, machen sie Karriere. Die Krawatte freilich bleibt ein für beiderlei Zwecke vortrefflich geeignetes Mittel."

PS: So interessant die Geschichte der Krawatte und ihre gesellschaftlich soziale Funktion im Wandel der Zeiten für mich auch ist, so wenig wirkt sie sich auf meine Sammlungsleidenschaft aus, die nicht von analytisch-historischen Kriterien bestimmt wird, sondern lediglich von der Leidenschaft für schöne Dinge, ihrer Anziehungskraft und Magie, wie es der englische Philosoph Walter Pater einst nannte: „The Power of being deeply moved by beautiful objects." Und noch heute besitze ich jene Krawatten, die mir meine Großmutter nach dem Tode meines Großvaters geschenkt hat.

Literatur und Quellen

Honoré Balzac *Traité de la vie élégante*. Paris 1854. Deutschsprachige Ausgabe: *Über das elegante Leben* (Hg. von Contanze Derham). Berlin 2021

Thomas Fink/Yong Mao *Die 85 Methoden, eine Krawatte zu binden*. München 2006

Arnold Hauser *Sozialgeschichte der Kunst und Literatur*. München 2018

Georg Simmel *Philosophie der Mode*, in: Gesamtausgabe Band 10, hrsg. v. Michael Behr, Volkhard Krech, Gehard Schmidt, Otthein Rammstedt. Frankfurt 1995 (5. Auflage)

Oscar Wilde *Eine Frau ohne Bedeutung*, in: Werke in 3 Bänden. Hamburg 2019

Die Autor*innen

Monika Helfer hat zahlreiche Romane, Erzählungen und Kinderbücher veröffentlicht. Für ihre Arbeiten wurde sie u.a. mit dem Robert-Musil-Stipendium, dem Österreichischen Würdigungspreis für Literatur und dem Solothurner Literaturpreis ausgezeichnet. Zuletzt erschienen von ihr die Romane *Die Bagage* (2020), *Vati* (2021) und *Löwenherz* (2022).

Michael Köhlmeier schreibt Romane und Erzählungen und tritt sehr erfolgreich als Erzähler antiker und heimischer Sagenstoffe und biblischer Geschichten auf. Für seine Bücher erhielt er zahlreiche Auszeichnungen. Zuletzt erschien von ihm im Hanser Verlag der Roman *Matou* (2021).

Gerald Matt ist Direktor des Vienna Art Institute, vormals Direktor der Kunsthalle Wien, Studium der Rechtswissenschaften, Betriebswissenschaften und Kunstgeschichte, Gastprofessor an der Universität für angewandte Kunst, Programmleiter und Moderator der Sendung »Matt spricht mit ...«, Ausstellungskurator und Autor.

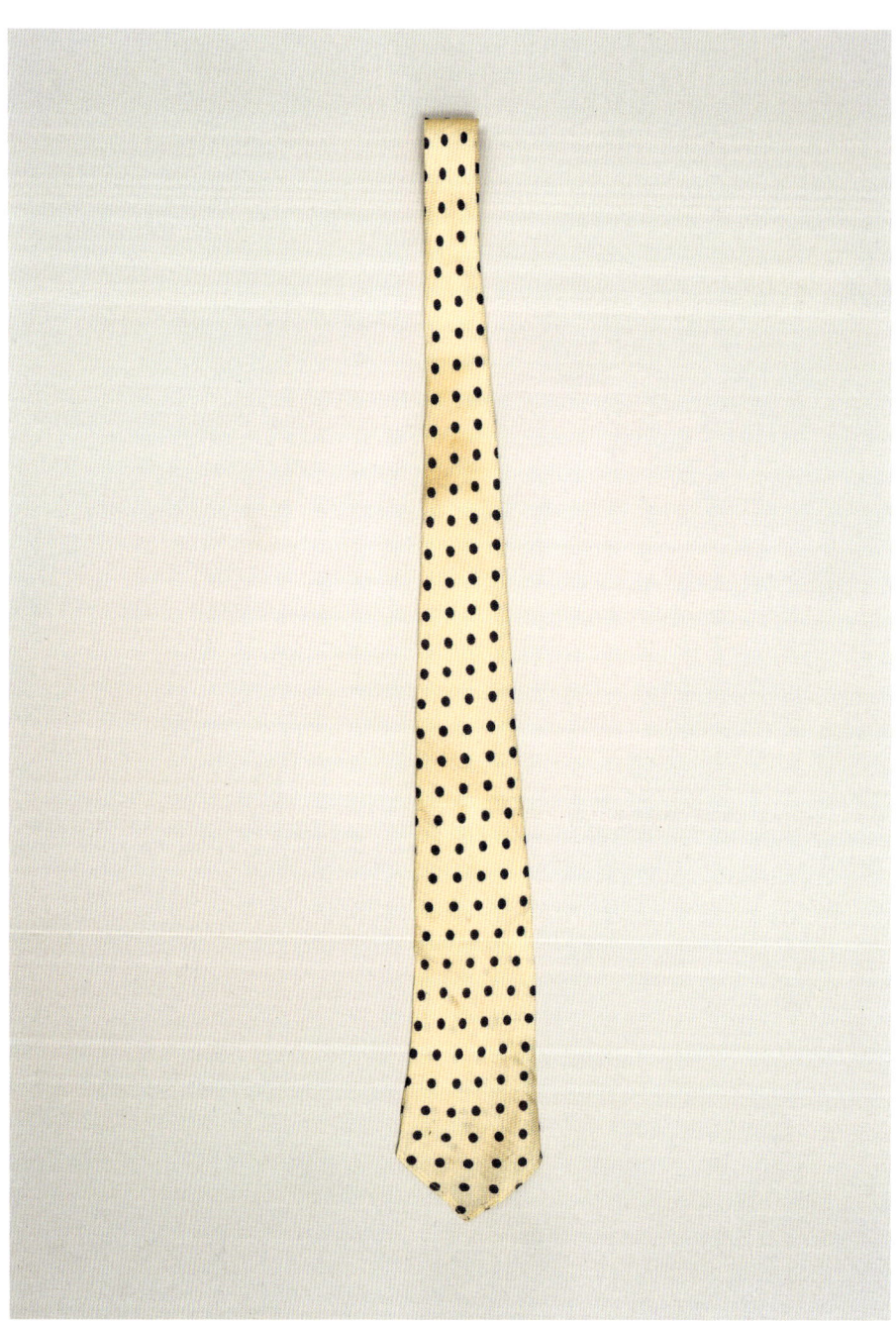

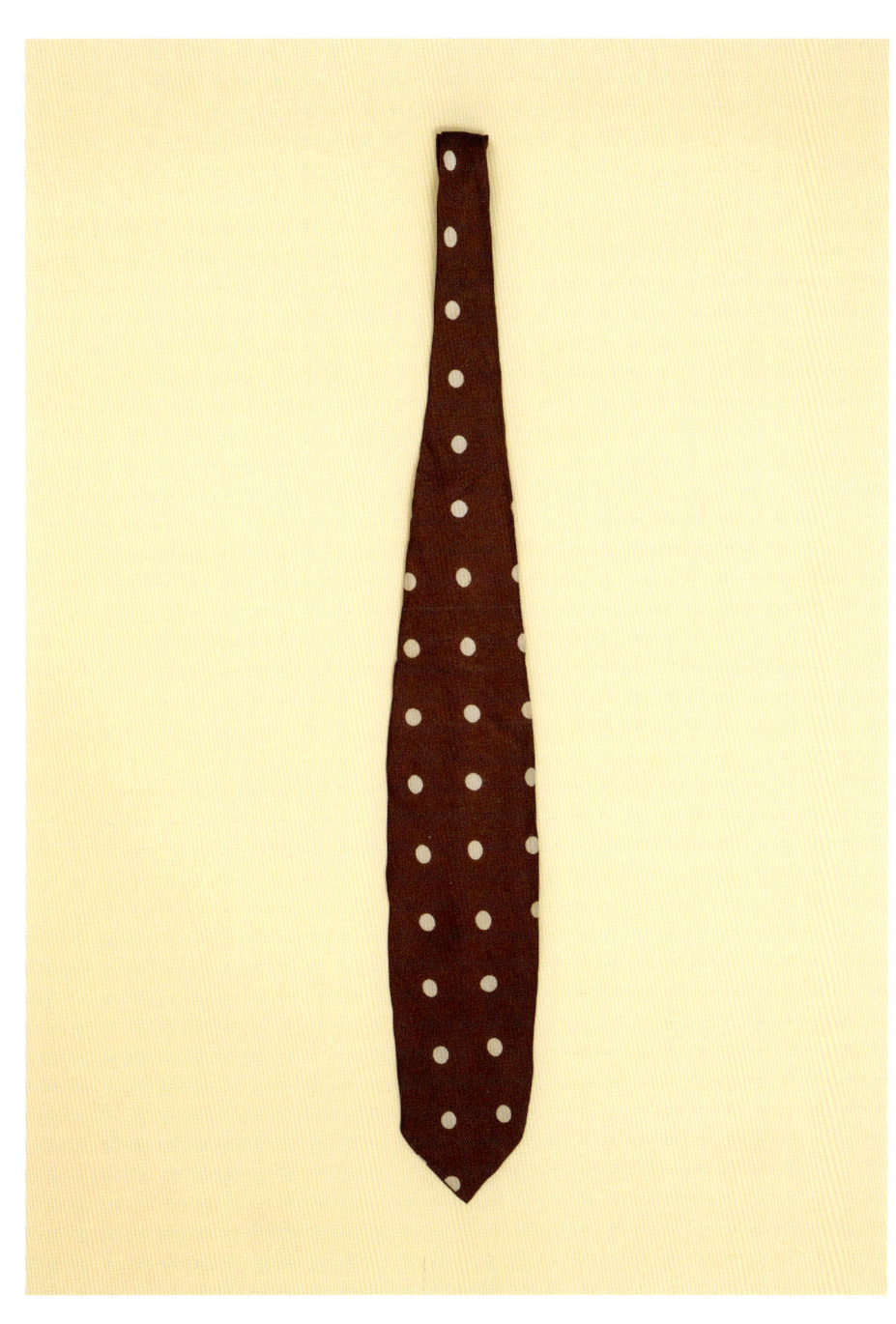

Impressum

1. Auflage

Alle Rechte vorbehalten.

Copyright © 2022 by Christian Brandstätter Verlag, Wien

Design und Satz: Caroline Plank-Bachselten, Buero Blank
Lektorat: Arnold Klaffenböck
Projektleitung: Maren Wetcke
Papier: Arctic Volume White 150gr, 1,1fach Vol.
ISBN: 978-3-7106-0645-8
Designed in Austria, printed in the EU

Bildnachweis

Alle Fotos von den Krawatten aus der Sammlung Gerald Matt sowie
das Foto der Autor*innen auf S. 171 © Gianmaria Gava
S. 151 Sean Connery als James Bond in *Never Say Never Again* (1983)
© Mary Evans / picturedesk.com
S. 153 Marlene Dietrich bei der Überfahrt nach Europa 1933
© Ullstein Bild/picturedesk.com

Wir tragen Verantwortung

Der Inhalt dieses Buchs wurde auf hochwertigem, FSC©-zertifizierten Papier gedruckt. Dieses Papier trägt darüber hinaus ein Zertifikat auf dem Cradle to Cradle Certified® Silver Level. Das Forest Stewardship Council® ist eine internationale Nicht-regierungsorganisation, die weltweit eine umweltfreundliche, sozial gerechte und wirtschaftlich tragfähige Bewirtschaftung der Wälder fördert. Cradle to Cradle® zielt auf ein ökologisch verträgliches Wirtschaften in sich wiederholenden Rohstoff-Produkt-Kreisläufen ab. Für die Druckproduktion und Endfertigung wurde auf umweltfreundliche, ressourcenschonende und schadstofffreie Produktionsweisen und Materialien geachtet. Die Druckerei ist FSC©-zertifiziert und bezieht ihre Energie zu 100% aus umweltfreundlichen, erneuerbaren Quellen; regelmäßige Audits erfolgen im Bereich des Carbon-Footprint-Managements zur Reduktion des CO_2-Ausstoßes. Diese international anerkannten, unabhängigen und regelmäßig überprüften Standards gewährleisten eine umweltgerechte, sozial verträgliche, nachhaltige und ökonomisch tragfähige Nutzung entlang der gesamten Wertschöpfungskette Holz, vom Baum bis zum Buch.

Liebe Leser*innen,

wir sagen Danke, dass wir Sie auf Ihrer Lesereise begleiten durften. Viele weitere Abenteuer, aufregende Geschichten, unverwechselbare Geschenkideen finden Sie auf unserem Abenteuerspielplatz

www.brandstaetterverlag.com

Bleiben wir in Verbindung!

Wir freuen uns auf Ihre Anregungen, Wünsche und Kritiken.

leserbrief@brandstaetterverlag.com

Christian Brandstätter Verlag GmbH & Co KG
Wickenburggasse 26, 1080 Wien
Tel: (0043) 1 5121543256

Teilen macht Freude!
#krawatten, #helfer, #köhlmeier, #brandstaetterverlag

Werden Sie Brandstätter-Insider*in!